Christsein ohne Krampf

Dreizehn Christen korrigieren
ihre Vorstellungen

BIBELLESEBUND
FÜR DEUTSCHLAND UND DIE SCHWEIZ
R. BROCKHAUS VERLAG WUPPERTAL

R. Brockhaus Taschenbuch-Sonderausgaben
Bd. 1024

Originaltitel: „I wish I had known“

Deutsch von Hildegard Horie-Sennlaub
und Ursula Wiegand

1. Auflage 1970
2. Auflage 1971

Umschlagfoto: Stefan Moses, München
Druck: fotokop wilhelm weihert, Darmstadt
ISBN 3-417-00135-8

INHALT

Vorwort

Manche Menschen leben mit einer falschen Information — entweder weil sie nicht richtig hingehört haben, oder weil sie nicht richtig informiert worden sind. Auch was sie über den christlichen Glauben hören, verstehen sie entweder falsch, oder es wird ihnen — trotz bester Absichten — verzerrt weitergegeben.

In diesem Buch halten dreizehn Christen Rückschau auf ihr Leben. Sie schildern, wie sie zu einer falschen christlichen Botschaft gekommen sind, und wie sie — manchmal unter Schmerzen — die Wahrheit entdeckten. Dieser Prozeß lehrte viele, biblische Wahrheit von Tradition zu unterscheiden, und sich vom Beispiel Christi mehr anregen zu lassen als von christlichen Freunden.

Die Idee zu diesem Buch kam mir, als ich einen Artikel las, der zuerst in der amerikanischen Zeitschrift ETERNITY veröffentlicht worden war, und zwar anonym. Seine Überschrift lautete: „Wenn ich das gewußt hätte . . .!" Dieser Artikel wurde dann in dem Blatt des englischen Bibellesebundes abgedruckt und erscheint nun hier in einer überarbeiteten Form. Wir möchten der anonymen Verfasserin für ihre Anregung, die schließlich zu diesem Buch geführt hat, unseren besonderen Dank aussprechen. Die zwölf anderen Autoren schreiben alle unter einem Pseudonym.

Zu den Verfassern gehören unter anderen die Leiterin einer Personalabteilung, ein Universitätsprofessor, ein Privatdozent, ein Dichter, der nationale Anerkennung erworben hat, eine Hausfrau, ein Bauingenieur und der Direktor einer großen christlichen Organisation.

Wir sind überzeugt, daß diese Berichte jungen und reifen Christen, also auch der älteren Generation, eine Hilfe sein können. Jeder, der irgendeine Verantwortung innerhalb der christlichen Gemeinde trägt, weiß sehr gut, wie leicht andere zu beeinflussen sind und wie leicht sie sich nicht nur führen, sondern auch verführen lassen. Vielleicht haben wir alle schon einmal geseufzt: „Wenn ich das damals richtig verstanden hätte!"

M. H.

Nicht alle Schuldgefühle kommen aus der Schuld

Es ist heute schwer zu verstehen, warum unser Leben oft so anstrengend und voller Spannungen war. Im Grunde hatten wir ein glückliches Zuhause mit liebevollen Eltern und mehreren Geschwistern. Eigentlich hatten wir alles, was man sich nur wünschen konnte. Mit dreizehn Jahren kam ich in ein evangelikales Internat, das in seiner Einstellung etwas engherzig war, trotzdem war ich in den Jahren dort bis siebzehn recht glücklich. Davor war ich drei Jahre lang in einer Ausleseschule, wo ich so unglücklich war, daß ich nicht mehr daran denken mag. Nun bin ich selbst Mutter und kann vielleicht besser beurteilen, was mir damals fehlte, obgleich ich meine Eltern viel zu sehr liebe und achte, als daß ich ihnen Vorwürfe machen könnte.

Wir waren eine große Familie und neigten dazu, uns gegen die Außenwelt abzuriegeln. Wir hatten an uns selbst genug und suchten auch keine Freunde zu unserer Gesellschaft. Wir lebten in einem Vorort, blieben aber gänzlich ohne Kontakt, selbst innerhalb der Kirche, da die gleichaltrigen Kinder entweder nicht zu den „Frommen" gehörten oder in sozialer Hinsicht uns nicht ebenbürtig waren. Außerhalb des Hauses gab es grundsätzlich keine Abwechslung oder Geselligkeit, denn wir hätten dadurch unter einen „schlechten Einfluß" geraten können. Kulturelle Veranstaltungen — ganz gleich welcher Art — waren uns unbekannt. Ich kann mich nicht erinnern, daß wir mit unseren Eltern auch nur einmal ausgegangen wären, außer zu den Weihnachtsliederabenden und einer Aufführung des „Messias" in der Albert Hall — ja, und zu den Eisfestspielen. Als Teenager konnten wir nicht begreifen, warum dies erlaubt sein sollte und anderes nicht, und ich kann mich noch gut daran erinnern, daß meine Brüder meinten, vielleicht wäre es dem Teufel auf dem Eis zu kalt! Später entdeckte ich den eigentlichen Grund: Diese Spiele wurden auf einer künstlichen Eisbahn aufgeführt und nicht im Theater.

Wir besuchten auch nie eine Kunstausstellung; Kino oder Theater kamen schon gar nicht in Frage, sogar eine öffentliche Bibliothek war für mich — bis ich Studentin war — unbekanntes Land. Ich bin noch heute unsicher, wenn andere sich über Kunst unterhalten, und obwohl ich mich schon den mittleren Jahren nähere, muß ich sagen, daß mir erst vor kurzem die Augen für Schönheit, Formen, Farben, Konstruktionen, Mode usw. geöffnet wurden. Ich habe nie gelernt, mir ein eigenes Urteil über all diese Dinge zu bilden, denn sie existierten für uns nicht.

Ich erkämpfte mir nur mühsam die Stellung einer erwachsenen Frau, indem ich all das in mich aufnahm, was ich jetzt neu entdeckte. Auf dem College war ich unglaublich beschränkt. Sie machten mich zwar zur Leiterin einer christlichen Gruppe, aber ich konnte meinen lebenssprühenden Kommilitoninnen, die sich alle des Lebens viel mehr freuten als ich, nicht viel anbieten. Ich wußte, daß ein Christ in jeder Weise das Beste aus sich selbst machen sollte, aber ich wußte nicht wie. Noch gut erinnere ich mich daran, wie ich meinen ersten Lippenstift zu Hause einschmuggelte. Ich war damals in dem bösen Alter von siebzehn Jahren; aber ich habe ihn nie gebraucht, da ich mich schuldig fühlte und Angst hatte. Monatelang sparte ich für meine erste Dauerwelle — sie war billig und alles andere als schön —, und alle anderen Dinge des persönlichen Lebens entdeckte ich erst später für mich selbst.

Weit verhängnisvoller als diese äußeren Dinge waren die inneren Spannungen, die durch solch ein asketisches Leben entstanden. Ich fühlte mich schuldig — warum? Ich lebte nach all den Gesetzen, die mir von der evangelikalen Gesellschaft auferlegt worden waren. Ich fand sie unerfüllbar und spürte, wie sie mich von anderen Teenagern absonderten, anstatt zu beleben, mich gemeinsam mit ihnen des Lebens zu freuen, eines Lebens, das von den Maßstäben Christi bestimmt gewesen wäre. Damals hätte ich es nie zugegeben, aber ich war in eine Sackgasse geraten und mühte mich ab, um unter den Frommen zu überleben.

Von meiner Seite gab es keinerlei heftige Reaktionen, kein Abwenden, obgleich ich mich oft frage, warum?; vielleicht fehlte mir einfach der Schneid dazu. Als ich durch meine Arbeit und später durch eine glückliche Ehe dem Einfluß meines Elternhauses entzogen wurde, begann ich, diese Dinge in einem neuen Licht zu sehen. Mein Mann, der sich in Cambridge bekehrt hatte und der aus einem Haus mit weitverzweigten kulturellen Interessen kam, hat mir in dieser Zeit unendlich viel geholfen. Ich könnte jedoch nicht im einzelnen erklären, wodurch. Vielleicht war es sein völlig unvoreingenommenes Verhältnis zu Geselligkeit, Kunst, Kultur im weitesten Sinne des Wortes. Er war der erste evangelikale Christ unter meinen Bekannten, der kein ungeheures Problem aus all den Dingen machte, die ihn umgaben, oder sie unbesehen beiseite schob. Von seinen Eltern kannte er keine Vorurteile oder irgendeinen Gewissenszwang, vielmehr wurde er ermutigt, sich selbst ein Urteil zu bilden, und er wußte und weiß sehr genau, was er gerne mag, annimmt oder ablehnt bzw. als Zeitverschwendung betrachtet; und er würde diese Maßstäbe nie anderen auferlegen. Das alles war für mich neu und sehr erfrischend, und ich — damals zweiundzwanzig Jahre alt — fing an, auch so zu denken.

Vielleicht liegt hierin die Tragikomödie, daß es in seelischer und geistlicher Hinsicht meine Rettung war, aus dem evangelikalen Fahrwasser herauszukommen. Aber ich glaube auch, daß diese Zeit eine Narbe zurückgelassen hat, die nie verheilen wird. Ich komme mir verkümmert vor. Ich habe manchmal das Gefühl, nie ein „reifer“ Christ werden zu können; und dann zweifle ich sogar, ob ich auf dem Weg zur „vollen Hingabe“ oder „Heiligung“ je Fortschritte machen werde. Ich kann das nicht erklären — mag sein, daß es ein Psychologe oder Psychotherapeut könnte. Aber ich habe noch einmal von vorne beginnen dürfen, und das empfinde ich als eine ungeheure Befreiung. Seitdem die negative Grundhaltung verschwunden ist, erkenne ich die Liebe und das Wesen Christi viel klarer. Ich weiß sehr wohl all die Liebe zu schätzen, mit der ich in meiner Kindheit überschüttet wurde. Aber ich möchte, daß meine Kinder sich mehr am Leben selbst erfreuen können, frei von der Last, die uns durch die Normen der Erwachsenen aufgebürdet wurde.

Was wird für sie anders sein? Es gibt vieles aus meiner Kindheit, das ich an sie weitergeben möchte: Liebe, Geborgenheit und eine gute Bibel-Kenntnis. Aber wir Eltern möchten, daß dies weniger verkrampft vor sich geht, sondern Teil ihres Lebens wird. Wir möchten, daß sie alle möglichen Freundschaften schließen und daß sich auch ihre nichtchristlichen Freunde bei uns wohl fühlen. Sie sollen weltliche Interessen haben und es lernen, zwischen Gut und Böse zu unterscheiden. Sie sollen Initiative ergreifen. (Das wird nicht so leicht sein, da ich ein übervorsichtiger Typ bin.) Natürlich ist es unser Wunsch, daß sie zu guten Botschaftern Christi werden und daß er sie gebraucht. Aber obgleich wir ihnen den Weg zeigen, wissen wir, daß wir ihnen niemals unseren Glauben aufzwingen dürfen. Auch wir werden als Eltern viele Fehler machen, aber ich kann schon jetzt sagen: Wir haben ein Vertrauens-Verhältnis zu unsern Kindern, wie ich selbst es nie kennengelernt habe. Sie sagen offen heraus, was sie bewegt. Ich kann mich nicht daran erinnern, je so frei gewesen zu sein, denn ich fürchtete stets die Mißbilligung und den Verweis meiner Eltern. Manchmal ist es schwer, nicht schockiert zu sein, aber ich möchte mich hüten, kindliche Unschuld mit einem falschen Schuldgefühl zu ersticken. Ich bete wohl am meisten darum, daß ich immer offen und zugänglich bleibe, denn nur so kann eine Mutter in enger Verbindung mit ihren Kindern leben.

Ich weiß, daß ich trotzdem viele Fehler machen werde. Meine eigene Mutter sagt heute zu mir: „Hätte ich das gewußt . . .“, und zweifellos werde ich in zwanzig Jahren das gleiche sagen. Aber ich danke Gott, daß er mich vor Verbitterung und Groll bewahrt hat. Ich sehe, daß meine Freunde, die von Anfang an darauf verzichteten, ihren elterlichen Einfluß auszuüben, nun alles verloren haben. Und dann erdrückt mich das Bewußtsein, wie schwer es ist, das Richtige zu tun! Doch in dem allen tröstet mich der Gedanke: er kann bewahren. Ich selbst habe es erfahren, daß er mich in all diesen Schwierigkeiten und in der Verwirrung nie fallen ließ. Ja, selbst derjenige, der alles längst aufgegeben hat, ist doch in Wirklichkeit noch in seiner Hand, denn „niemand wird sie jemals aus seiner Hand reißen".

Kultur ist kein unsauberes Wort

LINDA SHAW

Meine Mutter sagte mir, daß sie, als ich Teenager wurde, auf viele Probleme vorbereitet gewesen sei — Launenhaftigkeit, unpassende Kleidung, spätes Heimkommen, Jungenfreundschaften — aber auf meine Auseinandersetzung mit der Religion habe niemand sie vorbereitet. Und ich bin sicher, sie wäre mit jedem anderen Problem besser fertig geworden als mit diesem.

Als ich mich bekehrte, war ich reichlich unwissend, zumindest im Blick auf die christliche Lehre. Kurz vor meinem fünfzehnten Geburtstag nahmen einige gleichaltrige Mädchen und ich an einem Zeltlager teil. Wir hatten eine Anzeige des Bibellesebundes gesehen, der freie Plätze anbot. Der Gedanke an Ferien war für uns äußerst verlockend: weg von zu Hause und dann in Nord-Wales! Natürlich ahnten wir nicht, daß die „Christlichkeit" über den uns vertrauten Gottesdienst hinausgehen würde.

Es war darum für uns ein richtiger Schock, als einige Mädchen in unserem Schlafraum an jenem ersten Abend vor ihren Betten niederknieten, um die Bibel zu lesen und zu beten; es war für uns niederschmetternd, dort Menschen zu finden, die an die Existenz Gottes glaubten. Aus Protest errichtete ich jede nur denkbare Schranke: Ich weigerte mich, an Gesprächen teilzunehmen, die vom Beten handelten, ich lachte nicht mit, wenn andere lachten, und ließ es deutlich spüren, daß ich nichts mit dieser Gemeinschaft zu tun haben wollte. Ich zählte die Tage bis zur Heimfahrt.

Zu meinem eigenen Erstaunen merkte ich aber bald, daß diese ganze Sache mich gepackt hatte und daß ich ihr auf den Grund kommen mußte. Zuerst beteiligte ich mich an Diskussionen, dann fing ich an, in der Bibel zu lesen, und schließlich betete ich: „Gott, bitte hilf mir!“ Eigentlich hatte ich gar nicht mit einer Antwort gerechnet; doch als ich mich von meinen Knien erhob, hatte ich die feste Gewißheit, daß ich mich auf sein Wort verlassen konnte.

Es blieb mir nur kurze Zeit, um so meine dringendsten Fragen loszuwerden; und als wir auseinandergingen, wußte ich noch recht wenig von dem Leben eines Christen, zu dem ich mich verpflichtet hatte. Wenn ich jedoch an einige Briefe denke, die ich damals schrieb, kann ich deutlich erkennen, daß mir zwei Dinge vom Herrn geschenkt worden waren: ein klares Erkennen, daß Christus der Erlöser ist und ein echtes Verlangen, ihm ganz zu gehören. Mit einer Bibel bewaffnet, einigen Schriften des Bibellesebundes unterm Arm und vielen Freunden zur Seite, die für mich beteten, ging ich nach Hause mit dem festen Vorsatz, Christus kennenzulernen und bei ihm zu bleiben.

„Du bist völlig verändert!“ sagte meine Mutter, und das war nicht in jeder Hinsicht als Kompliment gemeint. Es fiel mir nicht leicht zu sagen, daß ich Christ geworden war. In unserer Familie wurde grundsätzlich nicht über tiefere Gefühle gesprochen, und als sie nun plötzlich und aus keinem ersichtlichen Grund mit einer „tief religiösen“ Tochter konfrontiert wurde, wußte sie nicht, wie sie darauf reagieren sollte.

Ich verbrachte viel Zeit mit Bibellesen und Beten, und zwar kniend, was manchmal recht unangenehm wurde, wenn z. B. jemand im falschen Augenblick in mein Zimmer kam. Ich erhielt lange Briefe von Menschen, die meiner Familie so gut wie unbekannt waren. Ich hörte auf, mich zu schminken. Ich ging nicht mehr ins Kino und nicht mehr ins Theater, ich las keine gewöhnlichen Bücher mehr, sondern ersetzte sie durch biblische Kommentare und Biographien von Missionaren.

Dies neue Leben nahm mich so in Anspruch, daß ich kaum die Kluft bemerkte, die zwischen meinen Eltern und mir entstanden war. Die Bibel fesselte mich, und ich suchte das Gespräch und den brieflichen Austausch mit christlichen Freunden; über Hudson Taylor, Amy Carmichal und Isobel Kuhn zu lesen war anregend und herausfordernd. Beim Lesen dieser Missionsbiographien beeindruckte mich vor allem der feste Entschluß, nur das zu tun und zu sein, was Christus wünschte. Ich entdeckte, daß Christus nicht nur einen Weg zeigt, sondern auch die Kraft gibt, ihn zu gehen. Und diese Entdeckung war für mich sehr ermutigend.

Mein Grundsatz war: Gib alles dem Herrn, und er wird dich mit Größerem beschenken; aber er wird bestimmen, was du ihm opfern sollst. Kummer bereiteten mir die vielen Stunden des Tages, in denen ich nicht an ihn dachte. Während der Schulstunden mußte ich mich selbstverständlich auf Mathematik, Physik und Englisch konzentrieren; dafür versuchte ich in meiner Freizeit all das auszuschalten, was nicht direkt auf Christus bezogen war — Romane lesen, Radio hören, ins Theater gehen.

Es dauerte lange, bis ich erkannte, daß das Leben nicht in zwei Hälften geteilt ist — eine christliche und eine nichtchristliche. Ich wußte damals nicht, daß, wenn ich mich Christus ausgeliefert habe, ich ihm gehöre, ganz gleich, ob ich eine Examensarbeit schreibe, meine Schuhe putze oder von einem besonderen Erlebnis ganz in Anspruch genommen bin. Wie dankbar bin ich den älteren und reiferen Christen, die mich das gelehrt haben.

In einer Bibelstunde hörte ich folgende Geschichte: Zwei Freundinnen sprechen über eine dritte: „Ich stelle fest, Inge ist Christin geworden." „Hat sie denn Freude an ihrer Religion?" „Ich weiß nicht, aber ganz bestimmt freut sich sonst niemand darüber!" Diese Geschichte erzählte ich meinen Eltern. Daraufhin bemerkten sie, es sei das erste Mal seit Monaten gewesen, daß ich über mich selbst gelacht hätte. Und diese beiläufige Bemerkung war wie ein Lichtblick in dem Verhältnis zu meinen Eltern.

Mein Leben bestand weiterhin aus zwei Teilen, bis ich ins Examen ging. Ich war stets ein schlechter Prüfling gewesen. So erbrachte das Schulexamen traurige Resultate, und ich war völlig durcheinander. Eines Tages, als wir nach einer praktischen Physikübung miteinander plauderten, sagte eine christliche Lehrerin etwas zögernd, daß sie vor jeder Prüfung bete und erst dann mit ihrer Arbeit beginne. Danach sprach ich mein erstes „geistliches" Gebet für mein „weltliches" Leben.

Meine persönliche Entwicklung war nicht gerade glücklich. Einerseits war ich tief und fest mit Christus verbunden, andererseits war ich gesellschaftlich unreif. Ich wußte nie, ob die Leute daran interessiert waren, mit mir zusammen zu sein und mit mir zu sprechen. So zog ich mich in meine christlichen Kreise zurück und isolierte mich von allen anderen.

Die erste Spannung kam, als ich den dringenden Wunsch hatte, andere Menschen zu Christus zu führen; aber ich war mir der ungeheuren Kluft, die mich von ihnen trennte, bewußt, wir hatten keine gemeinsamen Interessen.

In dieser Situation befand ich mich, als meine Universitätszeit begann. Ich hatte mich für Philosophie, Politik und Wirtschaftswissenschaft entschieden. Die Bedenken, die manche christlichen Freunde im Blick auf die möglichen Gefahren bei solch einer Wahl äußerten, schienen ganz belanglos zu sein — weltliche Arbeit und christlicher Glaube hatten für meine Begriffe nichts miteinander zu tun. Ich hatte diese Fächer gleichsam als Kompromiß gewählt zwischen meinen Interessen im Englischen und in Mathematik. Es ist traurig genug, aber diese Haltung behielt ich während der drei Jahre auf der Universität bei. Die Arbeit war eine akademische Übung, zu meinem Fach hatte ich kein persönliches Verhältnis; und bald verlor ich an vielem darin das Interesse und quälte mich durch wöchentliche Übungen zu einem akademischen Grad.

In vieler Hinsicht war die Universität eine ziemlich beunruhigende Erfahrung. Ich fühlte, daß ich eine zusätzliche Verantwortung für andere hatte und beurteilte die Tiefe ihres christlichen Glaubens nach meinen eigenen Maßstäben in bezug auf weltliche Angelegenheiten. Wir verbrachten viel Zeit damit, über Probleme des Verhaltens zu sprechen, sowohl im Blick auf uns selbst als auch auf die anderen. Sollten wir zu Studentenbällen gehen? Sollten wir mit nichtchristlichen Männern ausgehen? Sollten wir uns Theater-Gruppen anschließen?

Die Frage nach der Beziehung zu Männern war für uns von besonders großer Bedeutung. (Rückblickend scheint das Leben eine Kette von Problemen gewesen zu sein.) Ich war, was Männer anbetraf, sehr idealistisch. Irgendwie hielt ich es für unrecht, sich mehr als einmal zu verlieben. Daher war ich bei der geringsten Annäherung äußerst zurückhaltend. Wenn sich eine zeitraubende, tiefe, gefühlvolle Bindung entwickelte, dann müßte sie zur Ehe führen. Ich hatte eine romantische Vorstellung von „der Liebe auf den ersten Blick“, hinzu kam die „christliche“ Grundhaltung, die es nicht erlaubte, auch nur einander bei der Hand zu halten, es sei denn, daß man sich heiraten wollte. Und wie manche Freunde, so war auch ich der Ansicht, man solle sich nicht eher küssen, bis man verlobt bzw. verheiratet war.

Mit dieser verkrampften Haltung und falschen Einschätzung des Sexuellen erschwerte ich mir mein Leben unnötigerweise. Einer Verbindung, die nichts als sexuelle Anziehung war, wurde eine tiefere Bedeutung beigemessen, und in eine ganz alltägliche Begegnung wurde mehr hineingelegt als vorhanden war. Im großen und ganzen wurden Gefühle und Sexualbewußtsein in den Hintergrund gedrängt, als Elemente, die wohl zum Wesen des Menschen gehörten, doch wenn möglich, unterdrückt werden sollten. Wir kämpften und beteten verzweifelt, wo wir uns einfach als Menschen hätten bejahen sollen. Und verschiedene Freundschaften, die glücklich und entspannend hätten sein können, wurden so zu einer Last. Ich fühle mich noch immer nicht sehr sicher im Umgang mit dem anderen Geschlecht; aber meine Einstellung hat sich doch erheblich geändert. Ein Kuß ist ein Ausdruck großer Zuneigung und Freude, den man nicht auswerten und nicht überbewerten sollte. Er ist nicht das ausschließliche Zeichen für Liebe, wie ich glaubte, und übertrifft auch nicht jede andere Form der Liebe. Das zeigen Erfahrung und Literatur, Film und Theater, die dazu beigetragen haben, das sexuelle Verhalten gründlich zu durchleuchten. Ich habe danach meinen eigenen Standpunkt überprüft und teilweise korrigiert, ohne freilich in das andere Extrem abzugleiten.

In mancherlei Hinsicht habe ich meine Ansichten seit der Zeit des Studiums geändert. Ich benutze Make-up; ich bin an Kleidung interessiert; ich habe Freude an modernen Romanen und französischen Filmen. Noch vor drei Jahren hätte ich dies mit meinem Christsein für unvereinbar gehalten. Jegliches Interesse an der Kunst war für mich eine Art Rückfall. Ich bin allerdings sicher, es gibt Leute, die heute an meinem Christsein zweifeln.

Auf der Universität trat wieder und wieder scharf zutage, daß ich unfähig war, andere Menschen zu verstehen.

„Ich möchte glauben, aber ich kann nicht." Auf den ersten Blick scheint es leicht zu sein, darauf eine Antwort zu geben. Aber dahinter verbirgt sich ein monatelanger verzweifelter Kampf. Und ich wußte nicht, wie ich antworten sollte.

„Ich bin allein. Für mich gibt es niemanden sonst und sonst nichts." Meine Freundin konnte mir ihre Notlage nicht im einzelnen erklären, und was sollte ich ihr sagen? Ich konnte ihr lediglich mein blindes Mitgefühl schenken.

Eine andere Freundin versuchte, sich das Leben zu nehmen, weil sie keine Möglichkeit sah, das zu sagen, was sie sagen mußte. Sie hatte das Gefühl, sich mit keinem über ihre Fragen und Probleme aussprechen zu können.

Als ich einen Weg suchte, zu verstehen, was meine Freunde durchlebten, stellte ich fest, daß Gott einigen Menschen die Gabe gegeben hat, die Dinge auszudrücken, die nicht in Worte zu kleiden sind, weil Worte zu schwerfällig sind. Aber in der Kunst — in Musik, Bewegung, Schauspiel, Photographie — teilen sie sich mit, und es war reine Arroganz, daß ich mich diesen Äußerungen verschloß.

Als ich erst einmal anfing, auch Literatur allgemein zu lesen, ins Theater zu gehen und mir Filme anzusehen, verstand ich selbst nicht mehr, warum ich mich solange dagegen gesträubt und geglaubt hatte, es sei sündig. Wie sehr entspricht oft die Reaktion einer Romanfigur dem menschlichen Verhalten im alltäglichen Leben. Wie häufig hilft der Schriftsteller seinem Leser, den Blick zu weiten in Räume und Tiefen, in denen sich menschliche Erfahrung widerspiegelt, der man nie zuvor begegnet ist.

Unsere Beziehungen zu anderen Menschen scheinen mir so komplex zu sein, daß wir jede Gelegenheit, Einblick in ihr Leben nehmen zu können, wahrnehmen sollten; andernfalls ziehen wir uns aus dem realen Leben zurück. Kunst und Wissenschaft trennen uns nicht von Gott. Vielmehr kommt hier die echte Verzweiflung des Menschen ohne Gott zum Ausdruck. Wenn wir recht hinhören, kann uns das Erleben anderer näher zu ihm hinziehen. Einerseits können wir besser verstehen, wovon uns der Herr befreit hat und befreien wird, und andererseits lernen wir es, die Schönheit seiner Schöpfung im Menschen und in der menschlichen Kunst mehr zu schätzen.

Für mich als Christ genügt es nicht, wenn ich mich lediglich bemühe, das zu verstehen und zu würdigen, was in mir und um mich herum geschieht. Ich will Gott kennenlernen, will wissen, wie er wirklich ist, und nicht, wie ich ihn mir vorstelle. Dabei bin ich auf die Bibel angewiesen, wo ich ihm in Christus begegne. Weder in unseren Gedanken noch in irgendeiner Philosophie können wir ihn finden. Ich suche jetzt eifriger die Gemeinschaft mit dem lebendigen Christus. Ich kann kein Buch lesen, kein Spiel sehen und keine Ausstellung besuchen, ohne mich bewußt Christus anzuvertrauen, und zwar um meiner eigenen Geborgenheit willen, denn kein vernünftiger Mensch begibt sich allein und ungeschützt in fremdes, vielleicht feindliches Land — deshalb — und weil Christus viel besser als ich die Dinge um mich herum durchschaut und versteht.

Dieses Verlangen, mehr und besser zu verstehen, gehört zum christlichen Leben, aber es ist nur ein kleiner Teil davon. Für mich jedoch liegt darin die Gefahr, daß ich vor Begeisterung für all diese Dinge so mitgerissen werde, daß ich mich in ihnen verliere, daß sie mich ganz ausfüllen. Und hier ist Christus dabei, in mir einen neuen Wertmaßstab zu schaffen. Die Gefahrenquellen erkennen, ist erst der Anfang.

Im vergangenen Jahr war ich mit einer Gruppe junger Menschen in Marokko. Zehn Tage verbrachten wir damit, ein Missionskrankenhaus in Tanger zu reinigen und fuhren dann eine Woche in den Süden, u. a. nach Marrakesh und Fez, wo wir bei Missionaren aufgenommen wurden.

Immer wieder bedrängte uns die Not der Menschen dort. Sie brauchen Christus, damit sie durch seine Liebe einander lieben lernen, damit sie ihre Kinder nicht mehr auf die Straße schicken, damit die Frauen nicht mehr sterben, weil die Männer sich weigern, ihnen vorrätige und billige Medizin zu geben. Sie brauchen Christus, um ihren Fatalismus zu überwinden, um die Bettler zum Arbeiten zu bringen und in den Kranken den Wunsch zu wecken, wieder gesund zu werden.

Wir erkannten, wie notwendig sie Erlösung brauchten. Es tat uns weh, so viele Menschen dahinvegetieren und ein menschenunwürdiges Dasein führen zu sehen. Und wir dachten daran, daß sie einmal dem lebendigen Gott begegnen würden und daß sie dann die volle Last ihrer Sünden selber tragen würden und nicht Christus an ihrer Stelle, es sei denn, sie hätten sich ihm zugewandt.

An unserem letzten Abend standen wir an einem Hang ganz in der Nähe von Fez. Wir schauten hinunter auf Medina, eine von Mauern umgebene Stadt mit ungefähr einer halben Million Einwohnern — und der Herr ließ mich etwas von der Traurigkeit spüren, die er empfand, als er über Jerusalem weinte und ausrief: „Wenn doch auch du erkenntest zu dieser deiner Zeit, was zu deinem Frieden dient!"

Während ich jetzt das lese, was ich damals schrieb, bricht erneut die Sehnsucht in mir auf, daß Männer, Frauen und Kinder zu ihm kommen möchten; und ich habe mich dann wiederum gefragt, ob Bildung und Kunst im Leben nicht völlig nebensächlich sind. Doch die Menschen werden nicht dadurch zu Christus gebracht, daß man an einem Abhang steht und ihre Erlösung herbeisehnt, auch wenn man es noch so ernst meint. Sie werden auch nicht dadurch gerettet, daß man aus der Ferne in einem Hörsaal oder Büro oder in einer Kantine für sie betet. Es müssen Freundschaft und Verständnis, Hinwendung zum einzelnen da sein. Der andere muß spüren, daß sein Leben uns nicht gleichgültig ist. Das gilt nicht nur im Blick auf den „fernen Nächsten", sondern auch auf unsere Kollegen oder Mitstudenten, mit denen wir täglich zusammen arbeiten. Und deshalb müssen wir — auch wenn uns Kunst und Bildung zuweilen als zweitrangig erscheinen — an uns arbeiten, um nicht einseitig unseren Interessen zu leben.

Ich glaube, diese Notwendigkeit des Kontaktes ist uns während jener Ferien in Marokko besonders deutlich geworden, und das hat irgendwie unser Verhältnis zu den jungen Menschen geprägt. Die Tatsache, daß wir in vielen Fällen dieselben Bücher gelesen und dieselben Filme gesehen hatten, Freude an den gleichen Volksliedern und Popsongs hatten, bewirkte, daß wir von Anfang an auf schlicht menschliche Weise Kontakt zueinander fanden.

Diskussionen aller Art ergaben sich daher auf ganz natürliche Weise, und wenn wir uns täglich über christliche Fragen austauschten, so war darin nichts Gezwungenes oder Störendes, das irgendwie neben dem übrigen Zusammenleben herlief. Einige der jungen Menschen brachten deutlich zum Ausdruck, wie sehr sie diese Freiheit, mit der sie alles ungeschützt und zu jeder Zeit sagen konnten, als wohltuend und entspannend empfanden. Niemand fragte danach, ob das, was gesagt wurde, religiös oder weltlich war.

Aus der Sicht anderer (einschließlich meiner Mutter) bin ich heute im Vergleich zu damals, als ich mich entschloß, Christ zu werden, menschlicher, natürlicher. Ich tue heute vieles (in bestimmten Grenzen), was Nichtchristen tun; ich beschäftige mich mit denselben Fragen und Problemen wie sie; ich habe viele Nichtchristen zu Freunden. Aber die Grundlage meines Lebens hat sich nicht geändert. Ich bin fest entschlossen, Christus nachzufolgen und ihm in allen Dingen gehorsam zu sein. Ich vertraue ihm, daß er weiter an mir arbeitet, damit ich bewußt zu seiner Freude leben kann.

Christen sollten keine Fatalisten sein

JOHN OLIVER

Ich wünschte, ich hätte gewußt, daß ich nicht auf „Offenbarungen" zu warten oder zu hoffen brauchte. Ich wünschte, ich hätte gewußt, daß wir Gott einfach bei seinem Wort nehmen und ihm vertrauen sollen; wenn er z. B. sagt, er vergibt uns, wenn wir unsere Sünde bekennen, dann wird er das auch tun.

Ich wollte gern Christ werden. Aber dabei stand mir ein großes Problem im Weg. Meine Familie und unsere Kirche vertraten eine bestimmte Meinung in bezug auf die Prädestination, die Vorherbestimmung. Die Bibel sagt, daß Gott ein Volk für sich selbst erwählt hat und daß alle, die so auserwählt sind, zu ihm kommen und erlöst werden. So weit so gut; aber wenn wir unseren Verstand gebrauchen und diese Lehre weiter durchdenken, kommen wir im Blick auf die Erlösung logischerweise zu einem fatalistischen Ergebnis. Entweder bin ich einer der Auserwählten, oder ich bin es nicht; wenn ja, wird Gott mich ohnehin schließlich erretten; wenn nicht, warum soll ich mich dann darum kümmern? Dann kann ich mich ebensogut amüsieren und das Leben — solange wie möglich — genießen.

Diese Gedanken wurden für mich zu einem wirklichen Problem. Und weil mir niemand meine Verantwortung Gott gegenüber gezeigt hatte, war ich nicht so sehr darauf bedacht, auf ihn zu hören und ihm gehorsam zu sein; viel brennender war meine Frage, ob ich zu den Erwählten gehörte oder nicht. Wenn Gott mich nicht erwählt hat, dann ist es völlig zwecklos, dachte ich, über den Glauben auch nur nachzudenken; das würde mir doch nichts helfen. Ich wußte, daß ich ein Sünder war, daß ich Vergebung brauchte. Ich wußte auch, daß Jesus Christus am Kreuz gestorben war, um unsere Sünden wegzunehmen; aber wie konnte ich wissen, daß das auch für mich galt? Wie konnte der Befreier von Sünden mein Erlöser werden?

Ich wußte es nicht, und es war niemand da, der es mir gesagt hätte.

In meiner Heimatgemeinde lag der Schwerpunkt auf der Erwählung. Die Bekehrung wurde nur selten erwähnt. Die Überbetonung dessen, was Gott zur Erlösung getan hat, erweckte den Eindruck, als müsse der Mensch völlig passiv das Handeln Gottes an sich geschehen lassen, als dürfe und könne er auf keinerlei Weise darauf antworten. Die Predigten handelten zwar von der Erlösung, aber sie zeigten nicht den Weg zu dieser Erlösung. Sie hinterließen in mir jedesmal ein Gefühl der Bitterkeit und Enttäuschung. Jegliche Mahnung, die Sünden zu bereuen oder an das Evangelium zu glauben oder Christus zu vertrauen, war in den Glaubensartikeln ausdrücklich verboten, denn all dies könnte ja den Anschein erwecken, als hätten wir die Möglichkeit, uns selbst zu erretten.

Das war ein schwerwiegendes Versäumnis, denn auf diese Weise wurde uns die frohmachende Botschaft vorenthalten. Das Predigen war subjektiv und nach innen gerichtet; es wandte sich fast nur an die Bekehrten und beschäftigte sich mit persönlichen Gotteserfahrungen, die vor allem durch Leiden und Prüfungen dieses Lebens gewonnen werden. Wenn nebenbei einmal Unbekehrte angesprochen wurden, so lag die Betonung ausschließlich auf Sünde, Gericht und Strafe, und nicht auf der Vergebung.

Durch die Überbetonung des Erwähltseins sah unsere Gemeinde keinen Auftrag zur Mission, weder am Ort selbst noch außerhalb. Ich weiß noch, daß ich unwillkürlich dachte: Warum gehen sie nicht hinaus und tun irgend etwas, damit auch andere Gott kennenlernen? Ein aktiver christlicher Dienst anderen gegenüber erübrigte sich jedoch, denn man sagte: „Wenn sie Gott gehören, wird er sie auch ohne uns retten." Einmal fragte ich, was Jesus damit gemeint haben könnte, wenn er sagte: „Gehet hin in alle Welt und predigt das Evangelium aller Kreatur", und ich erinnerte an das, was uns von Paulus in der Apostelgeschichte berichtet wird und fragte sie, auf welche Weise denn das Evangelium in unser Land gekommen sei — aber ich erhielt ausweichende Antworten.

In meinem eigenen Leben waren die Auswirkungen dieser Predigten geradezu katastrophal. Ich zweifelte an Gottes Gerechtigkeit. Wenn Gott nur einige erwählte und andere nicht, konnte dann der Mensch zur Verantwortung gezogen werden? Daß aber der Mensch durch die Sünde von Gott getrennt wurde, ja, daß er Gott ablehnte und seine Liebe in Christus von sich wies, dessen war ich mir nicht bewußt. Ich war mir wohl bewußt, daß ich Gottes Vergebung brauchte; ich wußte auch, daß man die Vergebung durch den Glauben an Christus empfängt; aber was bedeutet das: vertrauen und glauben? Würde ich je vertrauen können oder von mir behaupten, ich glaube? Für mich waren das alles leere Worte! Ich konnte nicht glauben, wie sehr ich mich auch darum bemühte.

Einige meiner Freunde hatten wie ich jenes Gefühl der „Unfähigkeit zu glauben". Und hatten wir es nicht oft genug gehört, daß nur derjenige glauben könne, der auserwählt sei? Man sagte uns, wir sollten hoffen und warten, bis Gott sich uns offenbarte; und so wartete ich — anders konnte ich mir das nicht vorstellen — auf übernatürliche, geheime Offenbarungen. Daß wir unsere Sünden bereuen und an Christus glauben sollten, hatte ich nie gehört. Auch wurde nie die Bedeutung der Umkehr erwähnt oder auf das Vertrauen hingewiesen, wie es im Neuen Testament geschieht. Alles, was uns gebracht wurde, war einerseits die Drohbotschaft von Sünde und Gericht, andererseits der Trost für die Auserwählten, die trotz aller Widerwärtigkeiten schließlich doch triumphieren würden. Am eigentlichen Kern des Evangeliums, die Vergebung der Sünde durch das schlichte Vertrauen auf Gott, auf sein Wort, auf seinen Christus, ging man völlig vorbei. Das Wort der Bibel wurde willkürlich ausgelegt und mündete in die extreme Aussage: Wenn Gott einen Menschen retten will, dann wird er es tun. Hier war kein Evangelium, kein Wort von der Vergebung, und es war darum nicht zu verwundern, daß, obwohl ich Christ werden wollte, das Opfer Christi für mich ein dunkles Geheimnis blieb, das für mein Leben keinerlei Bedeutung hatte.

Als ich mein Elternhaus verließ und zur Universität ging, enthüllte mir der Heilige Geist allmählich die Wahrheit; einmal durch das Studium der Bibel, allein und gemeinsam mit andern, und außerdem durch gute evangelische Predigten in verschiedenen Kirchen und Gemeinden. Während dieser Jahre verstand ich zum erstenmal, daß wir Gott verantwortlich und Rechenschaft schuldig sind, im Blick auf unsere Stellung zum Evangelium. Aber es war für mich sehr schwierig, dies mit dem in Einklang zu bringen, was man mir früher über die Prädestination gesagt hatte. Ich sprach mit einem christlichen Studenten darüber. Ein oder zwei Tage später kam er zu mir in die Universitätsbibliothek und gab mir ein kleines Buch von J. I. Packer, das gerade veröffentlicht worden war, mit dem Titel „Das Evangelium und die Herrschaft Gottes".

Ich kann nicht beschreiben, wieviel ich diesem Buch verdanke. Es war für mich die entscheidende Hilfe, dieses Problem zu überwinden. Ich fing an zu begreifen, daß die biblische Lehre von der menschlichen Verantwortung die biblische Lehre von der Erwählung ergänzt; beide Aussagen müssen im richtigen Verhältnis gesehen werden. Wenn das eine oder das andere überbetont wird und wir verstandesmäßig zu einem logischen Schluß kommen wollen, ist das Ergebnis immer Extremismus und Irrtum. Wir müssen beide Aussagen zusammenfassen; mit der Logik können sie nicht in Einklang gebracht werden, aber in Gottes Wort entsprechen sie einander. Als mir dies gezeigt wurde, fiel eine schwere Last von mir.

Etwa um die gleiche Zeit wurde mir der Schriftabschnitt von Matthäus 6, 19—24 besonders wichtig. Als ich las, daß wir mit ungeteiltem Herzen Gott suchen sollen, mußte ich gestehen, daß ich bis dahin in meinem Suchen nach Gott nicht ganz aufrichtig gewesen war. Ich war jetzt fest entschlossen, das zu ändern.

In der Bibel las ich, daß Gott allen Menschen befiehlt, umzukehren (Apostelgeschichte 17, 30) und an Jesus zu glauben (1. Johannes 3,23), und daß es unsere Pflicht ist, diesem Befehl gehorsam zu sein und Gott von ganzem Herzen zu suchen. Aber immer noch meinte ich, mein

Glaube sei nicht echt. Ich hatte ja noch keinerlei Offenbarung von Gott. So wartete ich weiter und bat Gott, mir die Gewißheit zu geben, daß meine Sünden vergeben sind. Eines Tages erkannte ich, daß ich nicht länger auf Offenbarungen zu warten brauchte, sondern einfach Gott bei seinem Wort nehmen mußte. Hier war die Antwort. Gott kann nicht lügen! Er muß zu seinem Versprechen und zu seinem Wort stehen. Er wird sein Versprechen erfüllen, wenn wir ihm gehorsam sind. Dies ist der Kern des Vertrauens und des Glaubens — wir vertrauen auf Gott und glauben, daß er sein Wort an uns wahr machen wird.

Bei einer kurzen Ansprache im Rahmen einer christlichen Konferenz erkannte ich meine Sündhaftigkeit; und gerade da, als ich Gott wieder und wieder um Vergebung bat, zitierte der Redner die unsterblichen Worte: „Wenn wir aber unsere Sünden bekennen, so ist er treu und gerecht, daß er uns die Sünden vergibt und reinigt uns von aller Untugend“ (1. Johannesbrief 1, 9). Während ich mein Bekenntnis ablegte und mich einfach auf Gottes Zusage verließ, wußte ich zum erstenmal, daß Gott mir vergeben hatte. Sein Frieden erfüllte mein Herz. Die Sündenlast fiel von mir ab, denn Christus hat sie auf sich genommen. Es hatte lange gedauert, aber endlich, kurz bevor ich die Universität verließ, hatte ich das gefunden, was mir bisher gefehlt hatte. Meine christlichen Freunde freuten sich mit mir, denn jetzt gehörte ich ganz zu ihnen.

Ich wünschte, ich hätte es früher gewußt, daß es nicht unsere Sorge zu sein braucht, ob wir erwählt sind oder nicht. Gott erwartet nichts anderes von uns, als daß wir zu ihm zurückkehren, und zwar auf dem Weg, den er selbst für uns gebahnt hat: indem wir unsere Sünden bekennen und an seinen Sohn glauben.

Heiligkeit kann man nicht erlernen

ANNE GREEN

Ich wuchs in einer Gemeinde auf, die man heute als bibelgläubig bezeichnen würde — eine fundamentalistische Gruppe in einer großen Stadt. Ein Elternteil war christlich: begeistert, unbeschwert, teilweise irregeführt. Der andere wollte mit dem Christentum nichts zu tun haben. Als ich zwölf Jahre alt war, trennten sich meine Eltern. Einige von uns Kindern wurden später Christen, andere wollen bis zum heutigen Tage nichts mit Religion zu tun haben, ganz gleich in welcher Form.

Obwohl ich früh Jesus als meinen Herrn annahm und seit meiner Kindheit aufrichtig nur ihm gehören wollte, litten mein Leben und mein christliches Zeugnis an einer, wie ich heute sehe, falschen Einstellung zu Gott und daraus zwangsläufig zum Mitmenschen.

Das hängt vermutlich damit zusammen, daß ich mich allzu früh einer Kirche angeschlossen habe. Mit elf Jahren wurde ich schon als Mitglied aufgenommen. Ich hatte eine Konfirmandenklasse besucht, die ein Pfarrer leitete, und er war es gewohnt, daß ich alle Fragen, die er stellte, richtig beantwortete. Ich beherrschte die christliche Sprache sehr gut, ohne in ihren Sinn tiefer einzudringen. So wußte ich Sinn und Segen der heiligen Sakramente dogmatisch einwandfrei zu erklären, aber mir persönlich bedeuteten sie nichts. Ich sprach den Katechismus wie ein Papagei nach. Mit zehn — elf Jahren begriff ich natürlich kaum etwas von dem Inhalt und war mir keineswegs bewußt, welch eine Wirkung dieses wunderbare Glaubensbekenntnis auf mein Leben eigentlich haben sollte. Ich wünschte, man hätte mich damals nicht ermutigt, so jung Verantwortung zu übernehmen. Zuerst hielt ich Sonntagsschule, und mit dreizehn Jahren nahm ich selbstverständlich an einem Jugendtreffen teil. Wie sehr betrog ich mich selbst unwissentlich dadurch, daß ich die Erfahrungen und Formulierungen von Menschen nachzuahmen versuchte, die zehn Jahre älter waren als ich! Zu einer Zeit, in der ich mir Schritt für Schritt die Grundlagen des christlichen Lebens hätte aneignen sollen, versuchte ich ein fertiger Christ zu sein, der auf jede Frage schon die Antwort weiß. Es dauerte viele, viele Jahre, bis ich diesen Überbau wieder abgetragen hatte, mir und anderen gegenüber ehrlich wurde und allmählich lernte, in einem unmittelbaren, persönlichen Verhältnis mit Gott zu leben. Die vergeudeten Jahre unechter Frömmigkeit bedaure ich unsagbar!

Ich wünschte, man hätte mir die Grundgedanken eines siegreichen christlichen Lebens früh beigebracht, aber so, wie ein Kind sie aufnehmen kann! Statt dessen wurde ich dazu ermutigt, die Versammlungen Erwachsener zu besuchen, in der tiefgehende Wahrheiten aus dem Römerbrief und Epheserbrief im einzelnen ausgelegt wurden. Ich hatte keinerlei Beziehung zu dem Gehörten und konnte es nicht auf meine kleine Welt übertragen. So nahm ich alles auf und war bemüht, das zu sein, was andere von mir erwarteten. Als eines Tages im Rahmen einer Heiligungsversammlung diejenigen sich melden sollten, die das „siegreiche Leben in seiner Fülle" annehmen wollten, ging auch ich nach vorne. Ich war etwa dreizehn Jahre alt. Dadurch, daß ich an jenem Abend lange aufgeblieben war — und überhaupt durch die ganze Atmosphäre — war ich äußerst erregt. Am nächsten Morgen stritt ich mich mit meiner Schwester wegen einer Kleinigkeit. In einer verletzenden Weise machte sie mich lächerlich, und meine Angehörigen fragten mich schließlich, ob ich es so wenig ernst nähme, was ich in der Abendversammlung gelobt hätte. Ich war untröstlich und beschämt; von da an lebte ich viele, viele Jahre in äußerster Verwirrung. Es wäre besser gewesen, ich hätte in solch zartem Alter überhaupt nichts von diesen Dingen gehört, als mit Teilwahrheiten auskommen zu müssen, die sich in meinem kindlichen Verständnis zu einem Chaos verdichteten. Die Folgen dieser Konflikte habe ich bis heute noch nicht überwunden. Die Wahrheit christlicher Botschaft können Kinder am besten dadurch lernen, daß sie gelebtes Christentum bei den Erwachsenen sehen. Wenn Christen aus eurem Bekanntenkreis nicht dazu in der Lage sind, echtes Christentum vorzuleben, dann sucht euch andere, die jungen Menschen glaubhaft diese Wahrheiten vermitteln können und mit Freuden dazu bereit sind.

Ich wünschte, ich hätte in meiner Jugend gelernt, daß mein Glaube nicht davon abhängt oder daran gemessen werden kann, ob Begeisterung vorhanden ist oder ob ich etwas empfinde, sondern daß er einzig und allein auf dem unveränderlichen Wort Gottes beruht. Ich wünschte, ich hätte gelernt, daß Beten keine Gefühlssache ist, sondern ein Angebot Gottes. Wir können mit ihm sprechen wie mit einem vertrauten Freund und ihn stillschweigend bei seinem Wort nehmen. In meiner Jugend galten nur die Gebetsversammlungen als gut, in denen ein beträchtliches Maß an Gefühl zur Schau gestellt wurde. So wuchs ich mit der Vorstellung auf, daß meine Gebete nicht richtig seien, wenn ich mich nicht in einen ähnlichen Gefühlsausbruch hineinsteigern konnte. Diese Art zu beten war für mich oft unmöglich, darum gelangte ich zu dem Schluß, ich sei unfähig, in Gottes Gegenwart zu kommen. Von dem Augenblick an gab ich mir keine Mühe mehr. Und wie sehr vermißte ich die frohe, belebende Verbundenheit mit Gott!

Ich wünschte, ich hätte es früher erkannt, daß ein sogenanntes Zeugnis noch kein Beweis für ein gesundes christliches Leben ist. Die Worte flogen mir zu, und da das Zeugnisablegen in unseren Kreisen üblich war, machte auch ich selbstverständlich mit. Wie wenig aber wußte ich von dem einen Zeugnis, das wirklich zählt, nämlich von einem Leben mit Christus, das sich in den unzähligen Einzelheiten im Alltag beweist. Ich wünschte, ich hätte gewußt, daß Gott kennen mehr bedeutet als fromme Versammlungen zu besuchen, und daß die Reinheit des Herzens mehr wert ist als eine bewundernswürdige christliche Arbeit. Diese Wahrheiten sind nicht etwa neu, sicherlich wurden sie gelegentlich sogar ausgesprochen, aber in dem Leben der Christen, die mir nahestanden, wurden sie nicht verwirklicht, und ich wuchs auf, ohne zu wissen, was eigentlich christlicher Glaube bedeutet. Zweifellos gab es

Menschen, die mir hätten helfen können, aber ich wußte nicht, wo ich sie finden sollte.

Ich wünschte, man hätte mich gelehrt, daß das Ziel des Christentums weder Erfolg heißt noch persönliches Glück. Zeugenaussagen und Lieder hatten stets den gleichen Inhalt: Man war gerettet und führte von da ab ein glückliches Leben. Doch schon als Kind hatte ich das unbestimmte Gefühl, daß diejenigen, die am lautesten von der Freude, dem Frieden und der Erfüllung sprachen, im Grunde unglückliche Menschen waren. Ich wünschte, man hätte mir gezeigt, daß der tiefste Sinn unseres christlichen Lebens auf dieser Erde ist, dem Sohn Gottes in unserem Leben Raum zu geben, damit er frei sein Leben in uns gestalten kann. Seine Gegenwart bringt uns in die Gemeinschaft mit Gott, so daß wir ihn kennenlernen, und durch die Berührung mit ihm werden wir geheiligt und rein. Ich wünschte, man hätte mir gesagt, daß Gott Geduld mit uns hat und niemals aufhört, an uns zu arbeiten, uns zu beunruhigen, zu erneuern, unsere persönlichen Pläne umzuwerfen, bis wir dem Bilde seines Sohnes entsprechen. Als ich Enttäuschung erlitt, Krankheit und Zurücksetzung erfahren mußte und meine Pläne durchkreuzt wurden, fürchtete ich, irgendwie dem Willen Gottes ungehorsam gewesen zu sein. Wo waren alle die Freuden, die uns versprochen worden waren? Man hatte mich früh gelehrt, meine Freude in Gott selbst zu suchen, ja es hieß auch, daß alles, was er uns schickt, zu unserem Besten ist und endlich seinem Ziel dienen muß — aber trotzdem glaubte ich nicht, daß Gott durch diese Dinge irgend etwas Positives zustande bringen würde.

Ich wünschte, ich hätte es gelernt, vor Gott kurz Rechenschaft abzulegen. In dem christlichen Leben um mich herum sah ich viele ungelöste Probleme; und da es der menschlichen Natur mehr entspricht, einem Konflikt aus dem Weg zu gehen, als sich ihm zu stellen, war das auch mein Rezept. Wenn gewisse Situationen hoffnungslos erschienen, schob ich sie in den Bereich des Unterbewußten. Statt sie kühl durchzustehen, versuchte ich mich durch meine Bücher, meine Musik und meine christlichen Aufgaben davon zu befreien. Ich ahnte nicht, welch ein seelisches, geistliches und körperliches Übel ich damit selbst heraufbeschwor. Es war mir gar nicht bewußt, daß ich den Fragen aus dem Weg ging, und das Erwachen war rauh und unbarmherzig. Wie sehr sehnte ich mich nach Befreiung! Ich hatte das Gefühl, als wäre ich an eiserne Ketten geschmiedet, die eine freie Entfaltung unmöglich machten. Es ist unendlich schwer, im späteren Leben zum Durchbruch zu kommen; nur diejenigen, die den Druck und die Fesseln kennengelernt haben, wissen, wie quälend und weit der Weg zur Freiheit ist.

Auch mein Verhältnis zu anderen Menschen sehe ich heute in einem neuen Licht. Ich hatte eine bestimmte Vorstellung von der Brauchbarkeit eines Menschen. Heute weiß ich: Gott wirkt durch Menschen, durch den, der sich seinem Willen öffnet, sich ganz von ihm erfüllen läßt. Wenn ich keine Beziehung zu meinen Mitmenschen habe, wenn sie mich nicht einmal mögen und achten, dann hilft mir auch das beste geistliche Interesse nichts; mein Leben kann dann nicht von großem Nutzen für sein Reich sein.

Ich wünschte, ich hätte es gewußt, daß Absonderung von der Welt nicht unbedingt christlich ist. Wie oft verbirgt sich dahinter Selbstgerechtigkeit, spießbürgerliche Besserwisserei und sogar Anstößigkeit. Das, was wir Christen die Anstößigkeit des Kreuzes nennen, ist oft nichts weiter als die Anstößigkeit an gewissen Christen. Das Bewußtsein, im Besitz der göttlichen Wahrheit zu sein, rechtfertigt nie und nimmer Herablassung oder sogar Unduldsamkeit gegenüber denen, die Gott nicht kennen oder in bezug auf die biblische Auslegung anders denken.

Ich wünschte, ich hätte gewußt, daß das wirksamste Zeugnis nicht aus Worten besteht, sondern darin, daß ein Mensch mit dem andern in Frieden lebt, aufbauend und überzeugend, ganz gleich, ob der andere errettet ist oder nicht; wir sollen dem anderen Freund sein, d. h. ihn lieben und ihm gegenüber aufrichtig sein, auch wenn er nicht — wie wir — an den Erlöser glaubt. Wir sollen ihn durch unser Verhalten für Gott interessieren, ihm taktvoll begegnen und seine Meinung achten.

Ich wünschte, ich hätte früher gelernt, daß Leitung das ist, was Leitung tut, daß natürliche Begabung zur Führung noch niemanden für Führungsaufgaben qualifiziert, sondern sogar ein Hinderungsgrund sein kann.

Ich wünschte, ich hätte als Teenager gelernt, vor anderen offen zu sein und mit ihnen über meine christlichen Erfahrungen zu sprechen oder auch spontan mit ihnen zu beten, anstatt mich von anderen Christen abzusondern. Heute noch fällt es mir schwer, anderen gegenüber auf geistlichem Gebiet offen zu sein. Diese Einstellung bedaure ich sehr.

Ich wollte, ich hätte gelernt, mit meiner Familie in einen engen Kontakt zu kommen, solange ich noch jung war, ohne Rücksicht darauf, ob einer meine christlichen Interessen teilt oder nicht und die geistliche Gemeinschaft mit denen, die sie teilten, zu vertiefen. Aber durch die häusliche Situation war ich so verwirrt, daß ich mich innerhalb der streitenden Parteien und unterschiedlichen Interessen nicht zurechtfand. So zog ich mich mit allem, was mich tiefer berührte, in meiner Jugend und Unerfahrenheit in mich selbst zurück. Ich wuchs auf, ohne auch nur das Geringste, das mich betraf, mit meiner Familie zu besprechen. Das Neue Testament freilich lehrt uns etwas anderes. Aber zu der Zeit, als ich das erkannte, war die Kluft zwischen uns schon so tief, daß ich keine Möglichkeit sah, sie zu überbrücken: Welten trennten uns, uns alle miteinander, obgleich einige von uns Christen sind, sogar aktiv in einer christlichen Arbeit stehen.

Ich wünschte, ein Mensch hätte mir in meiner Jugend gezeigt, wohin meine Isolierung führt und wie schwer es ist, Schranken innerhalb der Familie einzureißen, die Jahr für Jahr unüberwindbarer werden. Ich möchte aber jedem, der in diesem Bericht seine eigene Situation wiederfindet, Mut machen, mit Gott in der Fülle seiner Wahrheit und seiner Freiheit neu anzufangen, damit er nicht in seinem späteren Leben auf vergeudete Jahre zurückblikken und mit Bedauern sagen muß: „Ich wünschte, ich hätte das damals richtig verstanden!“

Führung ist zugleich einfach und gefahrvoll

CHRISTOPHER FORD

Ich weiß nicht, wie viele Ansprachen ich schon über das Thema „Führung“ gehört habe. Und nachdem ich mehrere Jahre hindurch mit vielen Christen darüber gesprochen hatte, beschloß ich vor kurzem, dieses Thema nicht mehr zu berühren. Aber vielleicht sollte ich es doch noch dieses eine Mal tun, in der Hoffnung, daß ich jemandem helfen kann, der in dieser Frage genauso verwirrt ist, wie ich es war und heute oft noch bin. Mein Grundproblem sah ich darin, daß all die bewährten Tricks, durch die man Gottes Willen für sein Leben zu erkennen sucht, bei mir einfach nicht funktionieren wollten. Und nachdem ich es vergeblich mit einer besonderen Methode versucht hatte, blieb mir als einzige Antwort, daß eine bestimmte Sünde in meinem Leben der Grund meines Problems sein müsse. Es ist überflüssig, zu betonen, daß mich dies noch mehr durcheinanderbrachte. Ich wurde noch unsicherer und fühlte mich noch schuldiger. Selbst dann, wenn ein Mensch vor Gott nicht schuldig ist, sich aber unsicher fühlt, empfindet er seine Unsicherheit als Schuld. So traf es mich besonders hart, als ich einen Missionar sprechen hörte; nach seinen Worten hatte ich nämlich den Eindruck, als ob jeder Gläubige Missionar werden sollte (in der äußeren Mission natürlich). Ich wollte ganz gewiß kein Missionar werden, es sei denn, daß Gott es ausdrücklich von mir forderte. Aber bedeutete für uns der Wille Gottes nicht immer Opfer und ein Nein zu unseren Wünschen? Und wenn ich mein Leben dem Willen Gottes unterstellte, würde das nicht automatisch heißen, daß ich Prediger oder Missionar werden mußte?

Erst im Laufe der Zeit habe ich erkannt, daß Gott die Menschen ganz unterschiedlich führt. Es gibt Menschen, die genau zu wissen scheinen, was Gottes Wille für ihre Zukunft ist. Sie wissen es so genau, als hätten sie direkt von Gabriel aus dem Himmel gedruckte Instruktionen empfangen. Ich hörte jemand sagen: „Nun, der Herr sprach zu mir, übernimm diese Arbeit in Ceasars Restaurant". Ich habe mich oft gefragt, ob diejenigen, die so etwas sagen, Stimmen hören. Wie kämen sie sonst dazu, so etwas zu sagen? Ich habe diese Redewendung wiederholt bei Menschen gehört, die sich für etwas entscheiden mußten, und deren Entscheidung doch zumindest mir nicht nach dem Willen Gottes zu sein schien. Gelegentlich war es sogar eine Entscheidung, die offensichtlich falsch war. Sie hätten dann genauso gut behaupten können: „Der Herr sprach zu mir, ich solle Ehebruch begehen" — denn was sie taten, war schlecht.

Ich möchte einen Ausspruch zitieren, der — wie ich meine — besser als alles andere das Geheimnis der Führung nach biblischem Vorbild enthüllt. Wie kann ich Gottes Willen für mein Leben erkennen? „Lebe mit Gott, so gut du es nur kannst und tu, was du wirklich tun möchtest, und laß dich durch niemanden davon zurückhalten." Klingt das gefährlich? Das ist es auch. Klingt das sehr ungeistlich? Das ist es nicht. Klingt das ausgesprochen einfach? Nun, man kann sich täuschen, doch es ist ziemlich einfach. Es liest sich leicht, aber es auszuführen, ist vielleicht etwas schwerer. Das Schwierige liegt im ersten Teil der Antwort: „Lebe mit Gott . . .".

Die Frage, wie man Gottes Willen erfährt, ist für mich mehr und mehr bedeutungsvoll geworden. Ich habe viele Missionare gefragt, was sie am liebsten tun möchten. Überraschend (für mich) kam die Antwort, am liebsten sei ihnen die Arbeit, in der sie jetzt ständen. Andere habe ich gefragt: „Wie finden Sie es, wieder zu Hause zu sein?" „Ich kann es kaum erwarten, wieder zurückzugehen", war oft die Antwort. Ich kenne sehr wenige Christen, die ihre Arbeit ausgesprochen ungern tun oder das Gefühl haben, ein schreckliches Opfer zu bringen; aber für mich wäre der Gedanke, an ihrer Stelle stehen zu müssen, beinahe unerträglich. Auf einmal entdeckte ich die einleuchtende Tatsache: Ich bin nicht in ihrer Arbeit, weil ich nicht dieselben Interessen habe wie sie. Ich habe andere Interessen und Fähigkeiten und daher eine andere Aufgabe.

Ich bin, wo ich bin — sie sind nicht, wo ich bin. Natürlich heißt das nicht, einfach das zu tun, was mir gerade in den Sinn kommt. Da gibt es einige Grundsätze, über die man sich klar sein sollte.

Zunächst müssen wir bereit sein, Gottes Willen für unser Leben zu wollen. Zweitens müssen wir uns vor Augen halten, wie Gott ist. Er ist kein alter weißhaariger Polizeibeamter, der vom Himmel auf uns herunterguckt und nur darauf wartet, uns eins mit dem Knüppel überzuziehen, wenn es so aussieht, als würden wir das Leben ein wenig zu sehr genießen. Er ist kein gestrenger Prediger, der uns zürnt, wenn wir uns nicht dafür entscheiden, aufs Missionsfeld zu gehen oder wenn wir lieber die Beatles statt Mozart hören. Gott ist einer, der uns so sehr liebt, daß er menschliche Gestalt annahm und für unsere Sünden starb. Er ist geduldig um uns besorgt. Er möchte das Beste für uns, und seine Möglichkeiten sind unbegrenzt. Er ist stark genug, um in uns, in unserem Haus, in unserer Gemeinde zu wirken. Er möchte uns helfen! Drittens: Gott hat es uns geschenkt, in einem bestimmten Zuhause aufzuwachsen und mit einer bestimmten Sprache; er hat uns gerade mit diesen Freunden zusammengeführt, uns gerade diese Schulbildung zukommen lassen und uns gerade in diesen Verwandtenkreis hineingestellt; all die Jahre hat er an unserem Leben gearbeitet. Und wenn wir mit ganzer Aufrichtigkeit versuchen, den Willen Gottes ernst zu nehmen, können wir sicher sein, daß unser Denken teilweise das Ergebnis der Arbeit Gottes an uns ist.

Schließlich kommt dann der Augenblick, in dem wir auf Grund dessen, was wie wissen, handeln sollen. Haben Sie danach gefragt, was die Bibel lehrt, und sind Sie so ehrlich wie möglich vor Gott gewesen, so sollte jetzt der nächste Schritt sein, sich vor Gott zu dem zu entschließen, was Sie wirklich tun oder werden möchten. Wenn Sie das ganze Problem diesem Gott übergeben haben, der stark genug ist, Ihren Entschluß zu lenken, auch dann, wenn wir noch so unfähig sind, das Richtige zu tun, so denken Sie daran, daß dieser Gott Ihr Vater ist, der mehr um Sie besorgt ist, als Sie selbst es sind. Wie Ihre Entscheidung auch ausfallen mag —, Sie wagen es mit Gott, Ihren Entschluß auszuführen.

Ein weiterer Gedanke kann sehr hilfreich sein: Gott ist nicht so sehr daran interessiert, wohin wir gehen oder was wir tun, sondern wie wir sind. Er fragt nicht so sehr danach, ob wir Maurer werden oder nicht, sondern mehr, was für ein Maurer wir sind. Viel wichtiger, als die Art der Arbeit, die wir tun, ist unser Wesen und wie sehr wir Christus gleichen. Was wir sind, und nicht was wir tun, ist in diesem Fall die entscheidende Frage.

Mir ist es jedesmal etwas peinlich, wenn mich jemand fragt, was — nach meiner Ansicht — der Wille Gottes für mein Leben sei. Manchmal wird mit dieser Frage angedeutet, ich befände mich zur Zeit wohl nicht in seinem Willensbereich. Aber ein noch größeres Problem ist, daß ich nicht weiß, was das nächste Jahr mir bringen wird. Ich glaube, kein Mensch kennt Gottes Willen für die nächsten . . .zig Lebensjahre. Ich bin ein wenig mißtrauisch bei Menschen, die so sicher von dem Willen Gottes sprechen. Unser Leben soll eine Angelegenheit des Vertrauens auf Gott und des Glaubens an ihn sein. Alles, was ich weiß, ist, daß ich rückblickend feststellen kann, wie Gott mich geführt hat; im Blick auf die Zukunft weiß ich aus der Bibel, daß Gott versprochen hat, mich in meinem Leben zu führen. Was die Gegenwart anbetrifft, kann ich nur sagen, daß ich Gott vertraue; ich glaube einfach, daß Gott mich das tun läßt, was ich tun soll. Ich vertraue darauf (es ist mehr Vertrauen als Wissen), im Einklang mit Gottes Willen zu sein. Ich tue das, was ich gern tun möchte. Ich bin mit den Menschen zusammen, mit denen ich zusammen sein möchte (jedenfalls die meiste Zeit), und ich freue mich an dem Leben, das Gott mir gegeben hat. Auch das ist wichtig, daß Gott uns immer so führt, wie es seinem Wesen entspricht und dem, was er uns in der Bibel offenbart hat. Sein Wille wird immer seinem Wort entsprechen. Und doch ist unser Leben aus kleinen und großen Entscheidungen zusammengesetzt, für die es keinen Bibelvers gibt, den wir zitieren könnten und der uns seinen Willen zeigte. Das christliche Leben lebt vom Vertrauen (Vertrauen, daß Gott Sie nicht im Stich lassen wird, und daß er Sie beschützen und führen wird) und nicht vom Schauen — es wird viele Entschlüsse geben, die Sie fassen müssen, ohne vorher genau zu wissen, welchen Weg Sie gehen sollen. Aber wir sollen uns nach unserem besten Wissen vertrauensvoll entscheiden. Wenn wir dann eine Entscheidung getroffen haben, kommt oft ein Gefühl des Friedens über uns. Ihre erste Reaktion mag genauso wie meine sein: Warum gab Gott mir dieses Gefühl des Friedens nicht vor der Entscheidung? Vielleicht, weil Gott mehr daran interessiert ist, daß wir unsere eigene Kenntnis der Bibel anwenden und uns nach seinem offenbarten Willen richten — was in jedem Fall zumindest die Mühe der Orientierung kostet —, als daß wir Gott wie einen Computer befragen, der eine Antwort ausspucken soll, so oft wir auf den Knopf drücken.

Dem Christen ist alles gegeben. Deshalb darf er alle Dinge von ganzem Herzen tun. Was gut oder vollkommen oder heilig ist, ist uns von Gott gegeben. Deshalb dürfen Sie sich ganz dem Leben hingeben. Nehmen Sie alles an, was Gott gegeben hat, um Sie zu erfreuen. Einige Menschen arbeiten gerne mit ihrem Verstand, sie lösen also gern ein Rätsel, sitzen über mathematischen Gleichungen und befragen in allen Arbeiten ihres Berufes zuerst ihren Kopf. Andere gebrauchen lieber ihre Hände, ihre Muskeln, sie lieben das Gefühl der stark gespannten Muskeln und schwitzen gern. Andere wiederum — zu denen gehöre ich — verabscheuen Mathematik und haben weniger Muskeln, sie sind, um es korrekt auszudrücken, körperlich nicht in zu guter Verfassung. Gott hat uns alle verschieden erschaffen, darum: Tun Sie das, wofür Gott Sie vorbereitet hat und was Ihnen am sinnvollsten erscheint. Lernen Sie es, sich einer Sache ungeteilt zu widmen, ganz gleich, was Sie auch tun. Setzen Sie Ihre ganze Kraft in das, was Sie tun, ob Sie Tennis spielen, Briefmarken sammeln, angeln, schwimmen, beten oder spazierengehen oder Schwerarbeit im Akkord tun. Es gibt so viele Christen, die sich schuldig fühlen, wenn sie an etwas Freude haben. Wenn sie beten, denken sie an Tennis-

oder Fußballspielen; und wenn sie spielen, haben sie das Gefühl, sie sollten beten oder in der Bibel lesen. Das ganze Leben ist geheiligt, das ganze Leben soll im Vertrauen und Gehorsam Gott gegenüber gelebt werden. Er hat versprochen, uns zu führen, und er hat uns ein reiches Leben zugesagt, hier und jetzt.

Also, lassen Sie Jesus Christus, wie ihn das Evangelium schildert, Sie führen, damit Sie leben — den Tischler und Schriftgelehrten, der sich bei Hochzeiten, Festen, in den Wohnungen aller möglichen Leute sehen ließ, der sich des Lebens und der Menschen genauso freute wie er sich ihrer und ihrer Not annahm.

Missionare sind auch nur Menschen

SONJA CARLSON

Ich wuchs in der sogenannten Bibelzone von Kanada auf, in der es angeblich mehr Bibelschulen gibt als irgendwo sonst in der Welt. Viele dieser Seminare sind Missionszentren, darum treffen sich dort vorwiegend auch Missionare.

Meine Eltern hatten eine offene Tür für Missionare, so konnte ich sie ständig genießen. Der größte Wunsch meines Vaters war, daß seine Kinder auch Missionare würden. Oft hatte ich das Gefühl, daß er mich zu sehr in diese Richtung drängte, also leistete ich Widerstand. Wenn ein Missionar uns besuchte, so konnte es für unsere Freunde nichts Schöneres geben. Missionare waren das Beste vom Besten, die heiligsten und frommsten aller Wesen. Ich wußte, ich konnte niemals das Ideal erreichen, selbst wenn ich es gewollt hätte.

Eines Tages, ich war im ersten Jahr der Krankenpflegeausbildung, kam ich nach Hause und stellte fest, daß meine Eltern für diesen Nachmittag ein Missionstreffen angesetzt hatten. Missionare und ihre Missionsappelle gehörten zu meinem Leben; aber dieser weißhaarige Mann war irgendwie anders. Seine Güte beeindruckte mich tief. Er erzählte von einem Moslemstamm, der in der Wüste lebte, an einem Ort, wo noch kein Missionar gewesen war. Als er seinen Bericht beendet hatte, war ich zu einem Entschluß gekommen. *Wenn* ich jemals Missionarin würde, so wollte ich in diese Gemeinschaft eintreten, zu der auch jener alte Missionar gehörte.

Nach meiner Schwesternausbildung besuchte ich eine Bibelschule mit der wachsenden Überzeugung, daß Gott mich in den Missionsdienst berufen hatte. Es kamen Missionare aus den verschiedensten Gesellschaften zu uns und schilderten die Nöte ihres jeweiligen Wirkungsfeldes derart eindringlich, daß wir uns jeweils auf ihr Feld gerufen fühlten, bis der nächste Missionar kam. Wie sollte man wissen, welche Gesellschaft, welches Feld die richtigen waren? Da ich die Krankenpflege nicht besonders schätzte, entschloß ich mich, Übersetzerin zu werden. Im letzten Semester der Bibelschule nahm ich an einem Seminar für Sprachmethodik teil. Dort begegnete ich einer Missionsschwester, die zu derselben Gesellschaft gehörte, wie jener heilige alte Mann. An einem heißen Sonntagnachmittag führte sie Dias vor und erzählte von der bahnbrechenden Arbeit unter einem Wüstenstamm. Ich hörte ohne besonderes Interesse zu, bis sie von der traurigen Lage der Moslemfrauen erzählte. Irgend etwas beunruhigte mich; aber ich schob es beiseite. In dieser Nacht konnte ich nicht schlafen, und ich fragte mich, warum — und dann war es eine einzige Frage, die mich nicht mehr losließ: „Wärst du bereit, für Gott in die Wüste zu gehen?"

„O Herr", dachte ich, „nicht in die Wüste!" Ich sah eine mitleidslose Sonne auf mich und meine Gefährtin aus der Mädchenzeit herniederbrennen, ich sah mich verlassen auf leeren Orangenkisten in einem Zelt hocken. „Es ist zu viel verlangt", versicherte ich Gott, „du kannst nicht so viel von mir fordern!" Ich lag wach und stritt mit Gott. Endlich, als die Nacht zu Ende ging, kapitulierte ich und schlief prompt ein. Am nächsten Morgen dachte und hoffte ich allen Ernstes, daß Gott meine Bereitschaft zu gehen nur auf die Probe gestellt, in Wahrheit aber einen anderen Plan für mich hätte, so daß ich nicht zu gehen brauchte.

Mein letztes Jahr auf der Bibelschule verging schnell. Meine Freunde bewarben sich bei den verschiedensten Missionsgesellschaften, aber ich wußte nicht, wohin ich gehen sollte. Etwa einen Monat vor der Abschlußfeier hielt ich in der Kapelle eine Andacht über Luk. 14,33: „Ein jeglicher unter euch, der nicht absagt allem, was er hat, kann nicht mein Jünger sein.“ Ich sagte den Studenten, daß sie niemals in der Lage sein würden, alles für den Herrn aufzugeben, wenn sie ihn nicht von ganzem Herzen, ganzer Seele und mit aller Kraft liebten.

Vier Tage später kündigte unser Direktor wieder einen Missionar an. Es war der weißhaarige alte Mann. Er würde an diesem Abend in unserer Schule sprechen. Mir wurde es heiß und kalt, und ich fühlte mich fast krank. Sollte es das sein? Ich saß ganz allein, denn ich wollte alles, was der Missionar sagte, hören, ohne abgelenkt zu werden. Aber noch bevor er sprach, hatte ich das Gefühl, in der Gegenwart Gottes zu sein. Der überfüllte Zuhörerraum trat immer mehr zurück, und ich sah nur noch den weißhaarigen Missionar auf dem Podium neben seiner Karte der Moslemwelt. Dann aber verschwamm auch er, und meine Seele schien ganz von Gott umfangen zu sein. Obwohl ich keine Stimme hörte, die einen Befehl erteilte, wußte ich: Gott hatte mich gerufen, der Gesellschaft des weißhaarigen Mannes beizutreten. Die Entscheidung war mir aus der Hand genommen worden. Nicht ich, sondern Gott hatte für mich gewählt. Von dem, was der Missionar gesagt hatte, habe ich nicht ein Wort behalten.

Die Gewißheit, von Gott gerufen zu sein, begeisterte und überwältigte mich in den folgenden Tagen derart, daß ich oft vor Freude hätte weinen mögen. Doch eines Morgens wachte ich auf und war sehr niedergedrückt; kein Gefühl der Freude wollte aufkommen. Es wurde dunkel in mir, und eine unsagbare Verzweiflung packte mich. Wie konnte ich meine geliebte Familie fünf Jahre lang verlassen? Was wäre, wenn einer meiner Eltern sterben würde! Ich stellte mir den Abschied vor und weinte. Ich dachte an den weißhaarigen, frommen Missionar. Wie konnte ich mir einbilden, daß ich jemals für die Gesellschaft, zu der er gehörte, geeignet wäre? Ich war so dumm, so albern, so unreif. Und wie würde ich je diese schreckliche Sprache lernen oder diese Hitze oder die Wüste ertragen und diesen feindseligen Stammesmenschen begegnen können? Plötzlich stürzte alles über mir zusammen und ließ mich gänzlich zerschmettert und deprimiert zurück.

Spät am Abend traf ich einen Freund, der in mir immer rosige Zukunftsträume hervorzauberte. Als sein Lächeln verschwand, traf mich ein furchtbarer Gedanke. Ich konnte nicht länger mit ihm noch mit irgendeinem anderen männlichen Freund in Verbindung bleiben. Und die Missionsnachrichten schienen voll zu sein mit Berichten von unverheirateten Frauen. Ich wurde rebellisch. Wie konnte Gott von mir erwarten, daß ich sogar meine heimlichsten Träume aufgab? Meine Klassenkameradinnen heirateten selbstverständlich und verbrachten in herrlichen tropischen Paradiesen, gemeinsam mit ihren Männern ihren Urlaub — und ich sollte allein in die Wüste gehen! „Ein jeglicher unter euch, der nicht absagt allem, was er hat, kann nicht mein Jünger sein.“ Der Text meiner Andacht schien mein Herz zu durchbohren. Darüber zu sprechen ist eine Sache, den Schmerz zu erleiden eine ganz andere.

Eine Woche lang schlich ich trübselig umher. Ich spürte nichts von der Gegenwart Christi, ich wußte nur, daß der Preis, den er von mir forderte, zu groß war. Für mich bedeutete er den Tod! Hinzu kam noch die Vorstellung, nun, da ich Missionskandidatin war, müsse ich auf einer höheren geistigen Ebene leben. Ich hörte auf, ich selbst zu sein, und lebte, wie ich glaubte, daß es der weißhaarige Missionar von mir erwarten würde. Der Kraftaufwand war enorm. Als ich mich wieder dem Herrn öffnete, wich die Dunkelheit, die sich über mir ausgebreitet hatte, allmählich. Ich hatte nichts zurückgehalten. Doch sogar auf dem Schiff, als ich nach England fuhr, um einen Hebammenkursus zu absolvieren, entdeckte ich zu meinem Schrekken, daß ich immer noch ein eingebildetes, anmaßendes anspruchsvolles Ich besaß; ich hatte zwar Land, Eltern, Freunde, eine gute Stelle und alles andere um des Herrn willen verlassen, aber tief im Innersten war ich dieselbe geblieben. Diese Entdeckung war niederschmetternd und ernüchternd zugleich.

Schließlich die Wüste! Alles war so wie es sein mußte. Ziegen, Kühe, Kinder, große Leute und Wagen wetteiferten miteinander um das Vorrecht der Gasse. Menschen schliefen auf hölzernen Betten draußen unter unseren Fenstern, während melancholische, unheimliche Musik des Orients vom frühen Morgen bis in den späten Abend in unsere Ohren wehte. Ich war nun Missionarin.

Einen Tag nach unserer Ankunft kroch eine Gruppe von uns in das alte zerbeulte Missionsauto, wohlversorgt mit Schriften und christlichen Lehren. Das Auto fuhr auf die Wüste zu und kroch langsam und mahlend durch den Sand. Nach einiger Zeit konnte ich ein großes weißangestrichenes Gebäude erkennen, das viele Fenster hatte und von einer dicken Lehmmauer umzäunt war. Es hob sich von der Wüste ab wie ein Schloß in den arabischen Nächten —, das Haus des Sultans. Ich war entzückt. Das Auto streikte, so stiegen wir aus und stapften durch den warmen Sand zu dem Dorf in der Ferne. Als wir näherkamen, sprang eine Meute wütend knurrender Hunde auf uns zu. Sie wurden aber sofort von Kindern zurückgerufen, die aus den umliegenden Höfen eilten.

Das war ein Nachmittag! Die Missionare predigten im Schatten der Moschee, und einige Männer hörten zu. Wir Frauen wurden durch einen sauber gefegten Hof in einen großen hellen Raum geführt, in dem nichts zu sehen war außer einem hellroten Stück Linoleum und einem Bett. Wir setzten uns auf den Boden. Nach und nach kamen einige Frauen und Kinder und setzten sich schweigend neben uns. Eine der Missionarinnen spielte Guitarre und sang dazu. Dann erzählte sie anhand von Flanellbildern von der Geburt Jesu, des Retters der Welt. Die Frauen in ihren hellen, farbigen Nylonkleidern hörten gespannt zu. Als wir uns erhoben, um zu gehen, baten sie uns dringend, bald wiederzukommen. Als wir in die Stadt zurückfuhren, lag das Leuchten der untergehenden Sonne über der Wüste. Es war einer der größten Augenblicke, die ich erlebt hatte. Ich konnte mich nicht erinnern, je so glücklich gewesen zu sein.

Etliche von uns bemühten sich, die neue Sprache zu erlernen. Unsere Gruppe bestand vorwiegend aus Engländern, außer mir noch einem anderen Kanadier und einer Deutschen. So sprachen wir miteinander meist englisch. Auch unsere Küche war international. Wir Mädchen wechselten uns im Kochen ab. Eine Woche gab es kanadische Gerichte, dann deutsche, doch im allgemeinen englische. Wir „Ausländer" aßen die englische Küche, ohne uns zu beklagen, aber es gab selten eine Woche, in der die Engländer nicht eine Bemerkung über das nichtenglische Essen fallen ließen. Das ärgerte mich. Wenn ich Steak und Leberpasteten ohne zu murren aß, warum konnten die andern nicht hin und wieder Pfannkuchen mit Syrup und Speck essen, ohne sich zu beklagen!

Eines Abends wollten wir der Hitze in der Stadt entfliehen und packten unser Abendbrot ein, um draußen am Strand Picknick zu halten. Es war meine Kochwoche, und ich hatte eine schöne Sülze zubereitet. In der Hitze natürlich zerschmolz sie, bevor wir das Meer erreichten. Als ich den Deckel hochhob, sah einer meiner Kollegen die grüne Flüssigkeit, auf der geschnittene Karotten schwammen. Spöttisch fragte er: „Was soll denn das sein?"

Um das Picknick zusammenzustellen, hatte ich mir große Mühe gegeben. Nun wurde ich wütend. „Du brauchst ja nichts davon zu essen", fuhr ich ihn an. Er wurde verwirrt und ich beschämt. Jeder kannte mein Temperament. Es war eine Kleinigkeit, aber ich sollte lernen, daß die meisten Meinungsverschiedenheiten durch die geringfügigsten Anlässe entstanden. Hinzu kam die Hitze, der Sand und der geistige Druck dieses Moslemlandes; und schon wurde aus einem Maulwurfshügel ein riesiger Berg.

Obwohl jeder meiner Kollegen auf seine Weise Gott liebte, stellte ich fest, daß diejenigen, die ich am meisten verehrt hatte, mich am meisten enttäuschten. Einige unserer älteren Missionare schienen mehr praktisch als geistig veranlagt zu sein; bei anderen wiederum konnte ich keine echte Liebe zu den Eingeborenen sehen. Ihr Auftreten war in jeder Beziehung ungeschickt. Als meine Idole — eins nach dem andern — im Staub zusammenschrumpften, lernte ich, daß Missionare auch Menschen sind, ganz gleich, wie heilig sie nach außen hin erscheinen mögen.

Ich stellte fest, daß meine Beziehung zu anderen von meinem Gespräch mit Christus abhing. Aber wann sollte ich mir die Zeit dafür nehmen? Der Morgen war nicht geeignet für meine stille Zeit, da ich bis zu unserer Kaffeepause nie richtig wach wurde. Am Mittag war es zu heiß und am Abend war ich zu müde. Der Tag war anstrengend. Dann das Sprachstudium: ich war zu müde zum Denken. Die beste Zeit war unmittelbar nach dem Abendessen. In dieser Zeit konnte ich auf dem Dach unter dem herrlichen Wüstenhimmel mit Gott allein sein. Hier war ich in seiner Gegenwart. Eine Stunde verging wie im Flug. Und nach solch einem Zusammensein mit Gott war ich irgendwie ein anderer Mensch. Es war mir unmöglich, mich den kritischen Bemerkungen meiner Kollegen anzuschließen; aber andererseits war ich auch gegen ihre Sticheleien gefeit. Sie konnten mich nicht verletzen oder reizen.

Nach unserem ersten Sprachexamen schickte uns die Missionsleitung auf die Wüstenstation. Uns fehlten ältere Mitarbeiter, so leiteten eine jüngere Mitarbeiterin und ich ganz allein eine Krankenstation, die etwa 160 km von dem nächsten Krankenhaus oder einem Arzt entfernt war. Ein ganzes Moslemdorf gehörte zu unserem Aufgabengebiet. Wir beherrschten nur sehr schlecht die Sprache, zudem hatten wir keine Ahnung von den dortigen Gebräuchen. Wir waren mit Arbeit überhäuft, und die medizinische Verantwortung ging weit über unser Können. Oft genug wurden wir in der Nacht zu einer Geburt gerufen, und am nächsten Morgen warteten schon wieder die alltäglichen Pflichten auf uns. Wir hatten keine Möglichkeit auszuspannen.

Doch Gott half uns auf wunderbare Weise in unserer

Unwissenheit und ließ medizinische Wunder geschehen, die uns Haus um Haus öffneten und ein Dorf nach dem andern für uns erschlossen. Aber diese Tage waren nicht ohne persönliche Nöte. Stille Zeit zu finden war so gut wie unmöglich. Nachts waren wir erschöpft, zudem schwirrten Moskitos und Motten im Lampenlicht, so daß ich mich nicht auf die Bibel konzentrieren konnte. Morgens mußte ich mit aller Kraft gegen den Schlaf ankämpfen. Wenn man sich in der Dämmerstunde hinsetzte, um nachzudenken, wurde man durch lautes Klopfen aufgeschreckt, weil irgendein Kind Petroleum geschluckt hatte oder von einem Skorpion gebissen worden war.

Der ständige Druck, die Hitze, die Einsamkeit, die primitiven Bedingungen und die Unfähigkeit, wirklich mit Gott in Verbindung zu kommen, ließen eine Schwierigkeit nach der anderen entstehen, vor allem in den persönlichen Beziehungen untereinander. Inzwischen hatte ich bemerkt, daß meine Mitarbeiterin auf jedem Gebiet vollkommen anders war als ich. Wenn jemand aus einem entfernten Dorf kam, um uns zu holen, war ich sofort bereit. Sie aber meinte, der Fall wäre nicht dringend genug, daß wir hingingen; sie bestand vielmehr darauf, daß die Eingeborenen den Kranken zu uns brachten.

Unser Nachtwächter glaubte wegen seiner Position besondere Vorrechte zu haben. Obwohl wir ihn wiederholt darauf hingewiesen hatten, daß seine Familie sich genauso gut nach den Klinikstunden zu richten hätte, wie jeder andere sonst, brachte er doch eines Nachmittags seine Tochter nach der Sprechstunde zur Behandlung. Meine Kollegin ging zur Türe und sagte kurz: „Jetzt nicht; erst morgen wieder.“ Er weigerte sich, ihr Nein anzuerkennen und bestand darauf, mich zu sprechen. Das Mädchen hatte akute körperliche Beschwerden, die Augen waren geschwollen, blutunterlaufen und voll schleimigen Eiters. Die Behandlung würde kaum mehr als eine Minute kosten; wenn sie jedoch bis auf den nächsten Tag hinausgeschoben würde, konnte das Augenlicht für immer geschädigt sein. Davon war ich überzeugt. Aber meine Mitarbeiterin hatte Nein gesagt. Ich wollte gern helfen, aber ich wußte, wenn ich es tun würde, wären unsere Beziehungen für eine Woche gespannt. Ich sagte dem Nachtwächter, es täte mir leid, aber ihm wären schließlich unsere Klinikstunden bekannt, er hätte sich danach richten können. Er wandte sich um und ging schweigend fort. Ich fühlte mich wie zerschlagen. Kurz darauf ging ich auf den Markt, um Brot zu kaufen. Ich kam an ihrem Haus vorbei und behandelte das Mädchen.

Situationen wie diese waren für mich unbegreiflich. Ich konnte nicht verstehen, daß Missionare, die von weit her in die Wüste gekommen waren, um Menschen von der Liebe zu sagen, ihnen so grob die kalte Schulter zeigen konnten. Oft fragte ich mich, wie Christus gehandelt hätte. Ich war sicher, daß er nie jemanden abgewiesen hätte, selbst dann nicht, wenn durch diesen Menschen die Klinikordnung durcheinandergebracht worden wäre. Und jedesmal, wenn wir Menschen auf diese Weise fortschickten, sahen wir sie niemals wieder, und ihre Türe war uns und dem Erlöser für immer verschlossen.

Ich erkannte immer deutlicher, daß es weniger auf das ankommt, was wir reden, als auf das, was wir sind. Wenn wir den Eingeborenen Jesus Christus zeigen sollten, dann genügt es nicht, wenn wir einfach die Botschaft aus den Evangelien vor ihnen herunterrasselten. Wir mußten unsere Botschaft auch leben. Wie konnten sie glauben, daß Jesus sich ihrer annimmt, wenn wir uns selbst nicht um sie kümmerten?

Ich erreichte den Punkt, daß ich so enttäuscht war von dem Missionsleben, daß es mir unmöglich schien, weiterzuarbeiten. Dann bekam ich einen schweren Anfall Dysenterie. Schwach und hilflos lag ich im Bett und haderte mit Gott, daß er mich in eine solch schreckliche Lage gebracht hatte und mein Leben auf diese Weise ruinierte. Doch bald wurde mir klar, daß ich nicht Gott für das Benehmen meiner Mitarbeiter anklagen konnte. Es war meine Pflicht, ihn zu lieben und trotz alledem bei ihm zu bleiben, anstatt zu kritisieren und zu schimpfen. Anstatt sie zu verachten, mußte ich durch mein Verhalten den anderen zeigen, wie man leben soll.

Nachdem ich drei Jahre lang auf dem Missionsfeld gewesen war, kehrte ich krank nach Hause zurück. Hier in schöner Umgebung, inmitten der Bequemlichkeit und Ruhe hatte ich Zeit, Bestandsaufnahme zu machen.

Ich erkannte, daß meine Haltung oft Anlaß zum Streit gewesen war. Ich hatte meine Mitarbeiter viel zu wenig beachtet. Ich war wohl bereit, für die Eingeborenen da zu sein, nicht aber für meine eigenen Kollegen. Oft waren Mißverständnisse einfach dadurch entstanden, weil ich mir keine Mühe gegeben hatte, meine Mitarbeiter zu verstehen; auch hatte ich nicht im geringsten versucht, ihre Freundschaft zu erlangen. Ich regte mich darüber auf, wenn ich merkte, daß meine Mitarbeiter mich in ihre Formen zwingen wollten. Daß ich aber meinerseits von ihnen eine bestimmte Vorstellung hatte, war mir nie bewußt geworden. Gott hatte jeden von uns in die Mission gerufen, aber anstatt gegenseitig unsere Gaben und unsere Grenzen anzuerkennen, dachten wir alle, der andere müsse genauso sein und genauso handeln wie wir selbst. Da ist so manches, was ich heute gerne anders machen möchte, und ich wünschte, ich hätte damals schon erkannt, was ich heute weiß.

Ich wußte, daß Gott mich gerufen hatte, in ein fernes Land zu gehen, um die frohe Botschaft dorthin zu bringen. Aber während dieser ganzen Zeit hatte er genug damit zu tun, mich nach dem Bild seines Sohnes umzugestalten. Ich bin froh, daß ich damals noch nicht wußte, daß diese Umgestaltung manchmal sehr weh tun kann.

Ich bin nicht geistlich schizophren

PETER JACKSON

Einige Jahre lang war ich etwas verwirrt, wenn Menschen von meiner „Seele“ sprachen oder wenn ich hörte, daß Christen eine „Seele“ und einen „Geist“ haben, während Nichtchristen offenbar nur eine Seele besitzen. Mich irritierte auch die Tatsache, daß ich als Christ zwei Naturen habe, nämlich mein eigenes Ich und „Christus in mir“. Der gute Teil von mir ist Christus und der andere das wahre Ich. Es verursachte mir große Schwierigkeiten zu erkennen, wer ich nun eigentlich bin. Ich fragte mich, welches Ich dieses oder jenes tat und wer jeweils für eine Sache verantwortlich war. Und da das eigene Ich nur sündigen konnte und gegen Gott rebellierte und blöde war, fühlte ich mich schuldig.

Ich habe mir nun über dieses Problem manche Gedanken gemacht, die ich hier einmal weitergeben möchte. Dabei behaupte ich nicht, daß es eine endgültige Aussage ist; vielmehr ist es meine augenblickliche Erkenntnis, die keinen Anspruch auf Unfehlbarkeit erhebt.

Wenn ich durch eine Handlung oder auch nur einen Gedanken gegen Gott sündige, trifft zweierlei ein: Angenommen, es gibt ein Gesetz das sagt: „Du sollst nicht in Pfützen treten“, und ich wate dennoch im Schlamm herum, so bin ich zuerst einmal schuldig geworden, weil ich ein Gesetz gebrochen habe („Du sollst nicht in die Pfützen treten“), und zweitens bin ich schmutzig geworden.

Die Rechtfertigung durch den Glauben rechnet mit unserer Schuld ab: Wir haben zwar das Gesetz gebrochen, aber wir sind freigesprochen und sind nicht länger schuldig. Die Schuld für diese Tat ist schon abgebüßt, also bezahlt worden. Die Heiligung ist ein Prozeß, durch den der Schmutz von uns abgekratzt wird. Wer gerechtfertigt ist, kann nicht mehr beschuldigt werden, das Gesetz gebrochen zu haben. Wer geheiligt ist, der ist gereinigt, bei dem ist auch kein Schmutz mehr zu sehen.

Die Rechtfertigung ist eine rechtsgültige Tat Gottes, durch die er uns von aller Sünde freispricht. Christus hat die Strafe, die uns galt, auf sich genommen. Die Strafe wurde schon vollzogen. Christus ist an unsere Stelle getreten, damit wir verschont blieben.

1. Wer dieses Opfer Christi anerkennt, der ist frei.

2. Wir sind aber nicht nur freigesprochen, sondern darüber hinaus noch als Kinder in Gottes Familie aufgenommen worden.

Wir können Gott nun Vater nennen. Als ob das noch nicht genug wäre, wurde noch, wenn man so sagen darf, die Vollkommenheit oder Heiligkeit Christi auf unser eigenes Konto geschrieben. Uns wurden die Gewänder Jesu angelegt, die aus Heiligkeit, Vollkommenheit und Gerechtigkeit bestehen. Wenn Gott den gerechtgesprochenen Gläubigen anschaut, ist dieser in seinen Augen ein Mensch, der nicht schuldig wurde, indem er in die Pfütze getreten ist; er ist sein legitimer Sohn, der so vollkommen und so heilig ist wie Jesus Christus selbst.

In den Augen Gottes sind sie jetzt tatsächlich heilig — die Folge davon ist, daß diese Heiligkeit sich in ihrem Leben und Charakter auswirkt. Die Sünde kann nicht mehr an ihnen haften und hat keine Möglichkeit mehr, ihr Leben zu zerstören. Sie sind vor dem Gesetz als rein erklärt worden; Christus hat die Sünde von ihnen genommen; sie tragen die Kleider, die rechtmäßig Christus gehören. Sie sind angenommen, und sie selbst werden mehr und mehr Christus gleichen. Die Frage lautet jetzt weniger: Gehöre ich zur Familie Gottes? als vielmehr: Was tu ich, um mehr und mehr den Wünschen des Vaters zu entsprechen? Ich brauche mich nicht krampfhaft zu bemühen, ein christliches Leben zu führen, um Christ zu werden, denn ich bin ein Christ.

Wie erleichtert war ich, als ich endlich diese beiden Begriffe „Rechtfertigung" und „Heiligung" verstanden hatte. Zum erstenmal wurde mir klar, daß Gott kein Kleinkrämer ist. Ich erkannte vielmehr: Gott legt größten Wert darauf, mich bei sich zu haben. Er hat mir vergeben. Aber nicht darum, weil ich ihm ein gutes Leben dafür angeboten hätte. Ganz unabhängig davon, wie gut oder schlecht ich bin, hat Gott mich angenommen. Er hat mich gern so, wie ich bin. Weshalb er mich ja auch als Glied seiner eigenen Familie haben wollte. Ich kannte einige Christen, die mich nur darum bejahten, weil ich in diesem oder jenem Punkt ihrem Wunsch entsprach. Aber Gott empfing mich nicht auf Grund meiner Leistungen, sondern allein darum, weil ich glaubte, daß Jesus Christus mein Herr und Erlöser ist.

Die Bibel lehrt, daß Christus in jedem Gläubigen wohnt. Jeder Christ ist in Christus (Rechtfertigung), und jeder Christ hat Christus in sich (Heiligung). Das heißt nicht, daß ich — da ich so bin, wie ich bin — geistlich schizophren wäre, daß die eine Hälfte in mir gut (Christus in mir) und die andere schlecht wäre. Auch bedeutet es nicht, daß ich die eine Hälfte bin und die andere ist Christus; und man kann auch nicht daraus folgern: Wenn ich Gutes tue, ist es Christus, der es durch mich wirkt, und wenn ich etwas Schlechtes tue, ist es mein eigenes Selbst.

Viele moderne Pastoren und Christen neigen heute dazu, in das Neue Testament die neuesten Steckenpferde der Psychologie hineinzulesen. Sie versuchen, biblische Aussprüche mit den neuesten psychologischen Fachausdrücken zu erklären. Einiges mag durchaus zutreffen. Aber der Akzent des Neuen Testaments liegt nicht darauf, zu zeigen, welche Charakterzüge Gott gefallen. Jesus sagt, wir sollten Gott lieben von ganzem Herzen, Verstand, von ganzer Seele und mit aller Kraft. Er gab uns damit keine Lehre, woraus die menschliche Natur besteht. Zu seiner Zeit war es üblich, es so zu formulieren. Er wollte sagen, daß wir Gott mit allem, was wir besitzen, lieben sollen, mit unserem ganzen Sein — mit allem, was einen Menschen zum Menschen macht. Wir sollen Gott mit unserem ganzen Wesen lieben. Darauf weisen die Autoren der Heiligen Schrift den Menschen hin. Der Mensch ist ein Ganzes und nicht nur eine Summe von einigen Teilen. Der Mensch ist ebensosehr Körper wie Geist oder sonst irgend etwas.

Die Heiligung ist ein Prozeß. Sie bewirkt nicht eine sofortige und gänzliche Befreiung von aller Sünde, sie steuert vielmehr in eine neue Richtung. Der Nichtchrist befindet sich in einem Zug, der nach Süden fährt. Gerechtfertigt sein heißt, Gott läßt dich in einen Zug umsteigen, der nach Norden fährt. Wenn ein Christ sündigt, bedeutet das, daß er in dem Zug, der nach Norden fährt, nicht in Fahrtrichtung sitzt. Wenn Sie sündigen, stört das Ihre Gemeinschaft mit Gott empfindlich, nicht aber die allgemeine Richtung Ihres Lebens. Die Sünde wirkt sich bei einem Christen auf die Lebensgemeinschaft mit Gott aus, d. h. das Verhältnis innerhalb der Familie Gottes ist gestört, aber er wird darum nicht aus dem Familienverband ausgestoßen. Er bleibt Christ und gehört auch weiter zur Familie.

Durch die Heiligung werden Sie selbst umgestaltet, nicht Christus in Ihnen, sondern Sie werden anders; Sie werden mehr Christus gleichen. Und wenn Sie etwas Gutes tun, so sind Sie es, Ihr Ich, das zu dem Guten fähig ist. Warum? Gott hat Ihr Wesen geändert; Sie tragen die Züge seines ewigen Sohnes. Sie — Sie selbst — werden mehr und mehr wie Christus in Ihrem Wesen, Ihrem Charakter, in Ihrer Beziehung zum Vater, Sie werden ein liebender und ein gehorsamer Sohn.

Im Grunde genommen war ich von jeher feige. Ich hätte nie den Mut gehabt, öffentlich das auszusprechen, was ich jetzt sage. Ich habe zweierlei festgestellt. Einmal sage ich zu mir selbst: „Mach dir keine Gedanken darum, du wirst weiter sündigen, solange du lebst. Konzentriere dich nicht zu sehr darauf. Hör auf, dich ständig zu analysieren. Frage nicht dauernd, ob du gut genug bist. Gott nimmt dich an, Er liebt dich um Christi willen, nicht darum, weil du etwas Gutes getan hast." Dann aber sage ich mir: „Nun, da du Christ bist, solltest du darüber nachdenken, inwieweit du Christus gleichst, du solltest dich mit der Sünde in deinem Leben befassen." Ich werde mich dabei nicht ängstlich beobachten; ich weiß, daß ich auch heute noch sündige — aber ich möchte reifen, innerlich weiterkommen. Ich gehöre zur Familie Gottes, und mein Wunsch ist, daß ich dem, der mich zu seinem Bruder gemacht hat, Jesus Christus, ähnlicher werde. Diese beiden Gedanken vergleiche ich mit den beiden Tragflächen eines Flugzeugs; um richtig fliegen zu können, brauche ich beide.

Der Christ wird bis zu seinem Tode nicht an den Punkt kommen, wo er ohne Sünde ist. Die schlimmste Sünde, die ich begehen kann, ist: das wichtigste Gebot zu brechen. Und dies Gebot ist, Gott mit allem zu lieben, was ich bin. Nun, wir brechen es jeden Tag! Mord kommt höchstens an zweiter Stelle. Aber Gott nimmt mich um Seines Sohnes willen an — Er hat mich gerechtfertigt. Jetzt geht es um die Reinigung. Es ist nicht meine Aufgabe, festzustellen, wieviel Schmutz noch an mir klebt. Gott hat es nicht gerne, wenn ich selbst meinen Fortschritt messen will. Gott hat mich ganz angenommen, durch Christus, weil ich an Christus und Seine Tat am Kreuz glaube. Ich darf mich entspannen und in Seiner Rechtfertigung ausruhen, mein Verhältnis zu Gott bleibt unantastbar. Jetzt erwarte ich alles weitere von Gott. Er wird Seine Arbeit, die Er in mir begonnen hat, auch vollenden. Was ich jetzt dem Namen nach bin, werde ich dann tatsächlich meinem Wesen nach sein. Er wird mich vollkommen und heilig machen, bis es auch andere merken, daß ein neues Gesetz in mir herrscht.

Gott ist nicht konfessionsgebunden

JOHN X. CHRISMAN

Ich wünschte z. B., ich hätte gewußt, daß Gott kein Baptist ist. Ich war fest davon überzeugt, er sei es. Und als ich kürzlich meine Heimatkirche besuchte, stellte ich fest, daß er es in den Augen anderer immer noch ist — und zwar nicht einmal einer von den Fortschrittlichen! Um es genau zu sagen, ich dachte, Gott wäre ein Täufer, d. h. einer, der auf dem Untertauchen des Täuflings besteht. Dies wurde noch dadurch bestärkt, daß unser Pastor diese Lehre mit dem griechischen Wortlaut rechtfertigte. Er hatte es so auf der Bibelschule gelernt. Er unterstrich die Wahrheit dieser Behauptung noch, indem er uns wissen ließ, er habe Griechisch mit „sehr gut“ bestanden. Für mich wurde diese Lehre jedoch zum Problem, als ich andere bibelgläubige Christen kennenlernte (deren Pastoren auch Griechisch gelernt hatten). Sie wiederum bestanden auf dem Besprengen, und (mir stockte der Atem) sie erkannten sogar die Säuglingstaufe an! Als ich unseren Pastor Malachi fragte, ob Gott jemanden annehmen könne, der bei der Taufe nicht untergetaucht war, — indirekt ließ ich erkennen, daß ich das durchaus für möglich hielt — wurde mir feierlich erklärt: „John, du befindest dich auf einem sehr gefährlichen Boden."

„Gefährlicher Boden ..." Es kostete mich viel, dieses Urteil von einem Geistlichen, den ich so sehr bewunderte, hinzunehmen. Heute weiß ich, daß ich ihn zu sehr bewundert hatte; aber es war verständlich, immerhin hatte er uns immer deutlich zu verstehen gegeben, daß er die „Gabe zur Unterscheidung der Geister" habe, besonders um die falschen Christen von den echten, die zurückgehenden von den siegreichen und die psychisch gestörten von den okkult Belasteten zu unterscheiden. Gelegentlich hatte ich erlebt, wie er diese Gabe zur Ehre Gottes und anderen zur Hilfe einsetzte. Aber als er meine Zweifel als gefährlich im geistlichen Sinne betrachtete, wurde ich unsicher.

Es machte mir wirklich nichts aus, das Für und Wider des Untertauchens sachlich zu betrachten, es beunruhigte mich jedoch, daß es als so gefährlich galt, diese Form auch nur in Frage zu stellen.

Aber ich brauchte Raum für meinen Zweifel. Jetzt wollte ich diese Fragen selbst durchdenken; ich dachte angestrengt nach und stolperte über Probleme; ich entdeckte Ideen, von denen ich nie vorher gehört hatte, und fragte nach den Konsequenzen, die sich aus entgegengesetzten Positionen ergaben. Doch vor allem betete ich. Dabei wehrte ich mich gegen alles Etablierte im Gebet und im Lesen der Bibel. Dazu hatte uns auch Pastor Malachi ermuntert. Ich riskierte also nichts und wurde weder weltlich noch machte ich Rückschritte im Glauben. Ich war in einen ungeheuren Kampf verwickelt, den ich freilich ohne Führung durch einen geistlichen Ratgeber zu bestehen hatte. Pastor Malachi sagte: „Wenn du auf eine einsame Insel gingest, von keinem Menschen gestört würdest und nur dein Neues Testament bei dir hättest, so würdest du durch den Heiligen Geist zu der biblischen Auffassung der Taufe kommen, nämlich des Untertauchens." Da ich aber keine Insel erreichen konnte, tat ich das Nächstbeste: Ich schaltete soviel wie möglich die sich bekämpfenden Meinungen aus und konzentrierte mich auf das Neue Testament — und diesmal konnte ich es in griechisch lesen.

Ich wünschte, ich hätte während dieser entscheidenden Monate eine christliche Anleitung gehabt; denn ich habe Dinge geäußert, die ich besser nicht gesagt hätte. Hinzu kommt — und das tut mir immer noch leid — ich wurde bitter und hatte Gedanken, die für einen Mann Christi nicht gerade charakteristisch sind.

Pfarrer stehen immer wieder in der Gefahr, daß ihnen ihre Stellung als einfache Männer Gottes nicht genügt und daß sie ihre Autorität zu festigen versuchen, indem sie vorgeben, innere Erleuchtungen zu haben und zu wissen, was Gott wirklich denkt und was ihm gefällt. Ich weiß, sie werden sich wohl kaum bewußt diese Rolle als Mittler anmaßen, aber gar nicht selten vertreten sie ihre Erkenntnis mit einer Sicherheit, der niemand zu widersprechen wagt. In meiner unreifen Bewunderung für alles, was Pastor Malachi für richtig ansah, hatte ich vieles kritiklos übernommen. Sein Rat war für mich Evangelium gewesen; sein Wille kam in meinen Augen dem Willen Gottes gleich. Ich war unfähig gewesen, das Menschliche vom Göttlichen zu unterscheiden. Erst später erkannte ich, daß einige seiner Ansichten sehr menschlich waren. Zum Beispiel war er gegen den Genuß von Kaugummi in der Kirche. Einige arme Seelen erinnerte er von der Kanzel herab sehr deutlich daran; andere fanden seine Ermahnung unmittelbar neben einer Meditation im Gemeindeblatt. Ich tat offensichtlich falsch daran, Pastor Malachi einen solch hohen geistlichen Rang einzuräumen, und er tat offensichtlich falsch daran, Menschen, die in der Kirche kauten oder andere, die ihre Fragen hinsichtlich des Untertauchens hatten, als solche zu betrachten, die sich auf gefährlichem Boden befanden. Seine Zurechtweisungen und die Haltung mancher anderer Christen brachten mich dahin, daß ich endlich Gott selbst um Rat bat.

Es war das beste, was ich tun konnte.

Als die Verwirrung und die Bitterkeit nachließen, bekam ich allmählich ein größeres Bild von Gott. Auch war nicht mehr das Wasser das Wichtigste oder die Form der Taufe, sondern ich sah Jesus Christus selbst. Ich hatte es mit Ihm allein zu tun. Ähnlich wie beim Abendmahl. Nicht der Wein ist entscheidend, sondern die Gegenwart Jesu. Obwohl ich die Einsetzungsworte aus der Bibel längst auswendig kannte, erhielten sie doch jetzt eine neue Bedeutung. Ebenso erging es mir bei den gewohnten Gebetsstunden am Mittwochabend. Überall ist Christus der Handelnde. Mit der Taufe gebe ich ihm die volle Verfügungsgewalt über mein Leben. Durch das Untertauchen soll gleichsam der Tod bestätigt und das Auferstehen eines neuen Menschen bildhaft dargestellt werden. In dem Augenblick, als ich das erkannte, hätte ich laut ausrufen können: „Jetzt verstehe ich es!" Das Untertauchen als solches machte mich noch nicht zu einem wirklichen Christen. Ich muß zuvor Christus persönlich begegnen, d. h. ich muß Ihn als den Auferstandenen erkannt haben. Ohne Ihn ist das Untertauchen bei der Taufe — ganz gleich wie tief oder wie flach — bedeutungslos.

Während ich die Absicht Gottes zu erfassen suchte, lernte ich nicht nur, daß Gott kein Baptist ist, ich sah vielmehr: Gott ist nicht einmal konfessionsgebunden!

Während ich rückblickend meine Entwicklung betrachte, stelle ich fest, wie schwer es oft ist, einen richtigen Christen von einem richtigen Heiden zu unterscheiden. Ich habe niemals angenommen, daß Christen sich immerzu wie Engel benehmen sollten, aber ich erwartete von dem Leben eines wiedergeborenen Christen etwas Besonderes. Ich war der Meinung, ein Christ müßte sich in seiner ganzen Lebensweise von einem Nichtchristen unterscheiden, so daß man ihn als Christen erkennen kann.

Die größte Enttäuschung kam, als ich mit einem Christen zusammenarbeitete, der ein höchst eindrucksvolles Freizeitprogramm entwickelt hatte. Er leitete Zeltlager, die der Jugend in jeder Hinsicht entsprachen und für mancherlei Schwierigkeiten Hilfe boten. Wöchentlich einmal sammelte er die Jungens um sich (seine Frau nahm sich der Mädchen an) und sprach mit uns über den Sinn und die Bedeutung der christlichen Ehe. Er betonte, wie wichtig es sei, die richtige Wahl zu treffen. Woche für Woche erzählte er mit Tränen die Geschichte seiner eigenen Brautwerbung. Da gab es kein Händchenhalten, keine heimlichen Verabredungen und — höchst bemerkenswert — keine Küsse bis zur Verlobung. Während wir alle beinahe schockiert und ungläubig zuhörten, enthüllte er uns seine gegenwärtigen ehelichen Freuden und riet allen dringend, hinzugehen und das Gleiche zu tun. Einige Monate später bestrafte dieser selbe Vater seine Söhne derart hart, daß ihre Arme blaue Flecken bekamen und gelähmt wurden (jemand hörte, wie er sagte, „Gott habe ihn zum Haupt seiner Familie gesetzt"). Nur wenige Jahre später trampelte dieser Ehemann öffentlich auf seinem Ehering herum, um seiner weinenden Frau zu zeigen, wie sehr er sie verachte und wie er über ihre gegenseitigen Beziehungen dachte. Die Kinder erwähnen ihren Vater kaum noch, und die Mutter, nun von ihrem Mann getrennt, hat sich in einer entfernten Stadt in einem Wirbel von kirchlicher Tätigkeit begraben. Die Trümmer dieses sogenannten christlichen Hauses sehen nicht anders aus als die Trümmer, die von den ärgsten Heiden hinterlassen werden.

Ich bin nun etwas älter geworden und habe hinter manche Kulissen gesehen. Was verbirgt sich doch nicht alles hinter einer christlichen Organisation! Ich bin einigen christlichen Bürokraten begegnet, die leidenschaftlich die dogmatischen Richtlinien vertreten und mit peinlicher Genauigkeit die Rechtgläubigkeit ihrer Mitglieder überwachen, aber zugleich ihre führende Stellung als Deckmantel für ihre Sünde gebrauchen. Es ist mir kein Vergnügen, die schmutzige Wäsche anderer anzufassen, und ich bin beschämt, daß es unter überzeugten Christen beinahe einem Hobby gleicht. Doch am meisten empört es mich, wenn jemand mit frommen Worten seine Sünde überspielt. Ich kenne Christen, die unter ihren Schwächen und Niederlagen leiden, die immer wieder fallen, die bereuen, zerschlagen sind, sie sind demütig und ehrlich betrübt;

diese Christen klage ich nicht an. Im Gegenteil, ich fühle mich mit ihnen ganz eng verbunden.

Ich möchte wohl, ich könnte den Menschen so sehen, wie Christus ihn sah. Ihn konnte niemand täuschen. Er wußte genau den Aufrichtigen vom Heuchler zu unterscheiden. Sollten wir das nicht können? Was bedeutet es, daß wir ein „Brief Christi“ sein sollen, der von allen gelesen werden kann?

Als junger Mann war es mein größter Wunsch, Gott zu erfreuen, darum verpflichtete ich mich für den Dienst in der äußeren Mission. Die Folge davon war, daß mir von anderen ein besonderer geistlicher Rang zugeschrieben wurde, einmal, weil ich mich entschlossen hatte, in einem fremden Land zu missionieren, zum anderen, weil die Lebensbedingungen dort nicht gerade angenehm waren. Die Nähe des Urwalds, unbekannte Gefahren — das alles ließ mich in den Augen meiner christlichen Freunde als besonders heilig und hingegeben erscheinen. Aber war ich es wirklich?

Natürlich dachte ich hauptsächlich an die Menschen, die ich noch nie gesehen hatte. Diese Seelen hatten das Wort Gottes dringend nötig, und ich würde alles tun, daß sie es hören würden, selbst wenn es für mich bedeutet, schroffe Felswände zu erklimmen, Flüsse hinaufzupaddeln, die vor Alligatoren brodelten, durch heiße, dampfende Urwälder zu wandern, wo Schlangen lauerten, und im Freien zu schlafen, von Löwen und Tigern umringt.

Ich hatte mir die Seele wie einen grauen Sack vorgestellt, den jeder in sich trug — er war unsichtbar, jedoch von entscheidender Bedeutung und ein klein wenig geisterhaft, aber — diese Seele mußte gerettet werden. Keine Anstrengung war zu groß, um eine Seele in das Königreich zu bringen. Ich wünschte, ich hätte gewußt, daß die Liebe Christi mich dazu befähigt, den ganzen Menschen zu lieben, nicht nur seine Seele. Diese verzerrte Schau hat mich lange Jahre gehemmt. Eine sektorenhafte Liebe läßt den größten Teil der menschlichen Persönlichkeit tatsächlich unberührt und unversöhnt, sie weiß keine Antwort auf Probleme der Armut, der rassischen Vorurteile, der Arbeitslosigkeit, des Verbrechens, der Bestechlichkeit und der Unwissenheit ... Wenn Christus die Welt so liebte, daß er sich selbst hingab, wollte er auch das geistliche Sehnen des Menschen stillen, der ihm nahe sein will; er war aber nicht blind gegenüber Problemen der Hurerei, des Wuchers, der Armut und der Rassenkonflikte. Als ich dies erkannte, wurde der enge Rahmen, in den ich Gott gesperrt hatte, gesprengt, und ich sah ihn, wie er den mancherlei Nöten des Menschen begegnete.

Seitdem konnte ich meine Umgebung mit anderen Augen ansehen, und ich war bereit, Gottes Willen zu verwirklichen, nicht nur unter jenen nackten Heiden in den weit entlegenen Urwäldern, sondern auch unter gut gekleideten Heiden in den akademischen Urwäldern.

Während meines ganzen christlichen Lebens habe ich von einem Jahr zum anderen gelebt und in letzter Zeit von einem Lehrauftrag zum anderen. Wir — meine Frau und ich — sind wirklich „ständig unterwegs". Oftmals haben wir uns gewünscht, daß wir in einer festen Gemeinschaft zur Ruhe kommen könnten, so daß unser nächster Aufbruch dem Himmel gilt. Aber es ist nicht so gekommen. Wir haben weiter von einem Monat zum anderen gelebt, und immer wieder neu den nächsten Schritt mit der Frage gesucht: „Ist dies der Wille Gottes?" In alledem haben wir es gelernt, Gott für jeden Tag, der vor uns liegt, zu vertrauen. — Es war nicht immer leicht. Manchmal wußten wir nicht, ob wir den nächsten Tag noch erleben würden. Aber es war eine sehr heilsame Schule für uns. Wir waren gezwungen, uns auf die Gegenwart zu konzentrieren, und wir haben versucht, die Zeit, die uns zur Verfügung stand, auszunutzen. Andere Menschen hatten unsere Zukunft bis ins kleinste geplant. Sie haben zeitweise soviel von uns erwartet, daß es leichter gewesen wäre, ein Schiff nach Afrika, Korea oder Neu-Guinea zu besteigen und mit richtiger christlicher Arbeit zu beginnen. Aber aus verschiedenen Gründen wäre dort nicht unser Platz gewesen.

Die missionarische Bewegung, in der wir seit langen Jahren stehen, hat es in erster Linie mit Nicht-Christen zu tun. Das sind z. B. unsere Nachbarn und meine berufliche Welt; hier ist der Schauplatz, auf dem sich ein großer Teil unseres Lebens abspielt. Wir brauchen uns nicht krampfhaft zu mühen, um Brücken zu schlagen; jede Beziehung ergibt sich beinahe selbstverständlich. Unsere Nachbarn und Kollegen kommen aus den unterschiedlichsten Gründen zu uns. Bisher können wir noch keine Bekehrungen aus unserem agnostischen Kreis melden, aber die Brücken sind geschlagen worden, und wir bringen jede dieser menschlichen Begegnungen im Gebet vor Gott und erbitten von Ihm einen geistlichen Durchbruch. Es mag sein, daß an diesem Freitag der Anfang dazu gemacht wird, wenn wir zu unseren Nachbarn gehen, vielleicht auch am kommenden Montag bei dem Tennisspiel der Eltern, oder an irgendeinem Arbeitstag; aber wir sind sicher, daß bei all diesen alltäglichen Begegnungen der Geist Jesu Christi wirksam ist.

Über uns wird niemand eine Missionsbiographie schreiben. Wir haben nicht — wie andere — das große Wasser überquert und verschicken keine Gebetsbriefe, die unsere evangelistischen Erfolge und Ziele bekanntgeben. Aber auch wir spüren täglich die glühenden Pfeile des Bösen. Obwohl unsere Lebenshaltung im wesentlichen dem Einsatz mancher Missionare im dunkelsten Afrika entspricht, haben wir doch kaum Bekehrte vorzuweisen. Wir können nicht — wie sie — farbige Bilder zeigen, auch geben wir zu, daß unsere Heimatgemeinde einen niedrigen geistigen Rang hat, außerdem können wir keine Schlangengeschichten erzählen. — Aber wir lernen, jeden Tag neu mit Gott zu leben.

In dem allen haben wir eine wertvolle Lektion gelernt: wir haben erkannt, daß Gott uns nicht in erster Linie an einen geographischen Ort ruft, noch für einen besonderen Beruf auserwählt — sondern für sich haben will.

Es ist wunderbar, für Ihn dort sein zu können, wo wir jetzt sind.

Ich darf ruhig ich selbst sein

GRAHAM WILSON

Während der letzten zehn Jahre, in denen ich Schule und Universität besuchte, wußte ich nicht, in welcher Richtung ich weitergehen sollte. Ein Ereignis löste das andere ab, aber ich war eher Zuschauer als Akteur. Ich versuchte, Christus zu folgen, aber es schien, als seien meine Hände auf meinem Rücken gefesselt. Es hat auch Kämpfe gegeben, aber sie glichen mehr Partisanenaufständen im Urwald — ich wußte nicht, wo der eigentliche Feind verborgen lag. Ich steckte voller Vorurteile, und die einzelnen Scheinsiege brachten mich nicht einen Schritt weiter.

Durch den Einfluß meiner Eltern wurde ich schon als kleines Kind Christ. Sie liebten Gott und dienten ihm uneingeschränkt, und obgleich sie nicht verstanden haben, was sich während dieser Jahre in mir abspielte, wußte ich, daß sie mich liebten und im stillen für mich beteten. Sie gehörten zu einer Brüderversammlung. Als ich elf Jahre alt war, bat ich darum, getauft zu werden. Zwei Jahre später wurde ich vollwertiges Mitglied dieser Gruppe. Von allen Seiten erhielt ich guten Bibelunterricht und konnte bald alles auswendig. Das Lernen hat mir immer Freude gemacht, und für meinen kindlichen Glauben gab es keine Schranken.

Aber als ich älter wurde, bekam mein Leben durch einige Ereignisse eine andere Richtung. Ich fing an, gewisse Pflichten zu verweigern, zunächst den Unterricht in der Sonntagschule. Ich sagte, ich hätte zuviel für mein Examen zu lernen; dann, als ich kurz darauf gebeten wurde, Zeugnis abzulegen, überkam mich eine seltsame Unruhe, und ich sagte nein, noch ehe ich es verhindern konnte. In den Pubertätsjahren gab ich dem sexuellen Begehren nach. Konnte ich da noch sagen, daß Christus mein Herr war? Zu gleicher Zeit beschäftigte ich mich in der Schule mit Naturwissenschaft. Ich war fasziniert von all den Wundern, die uns durch die neuesten Forschungen aufgedeckt werden; aber zugleich geriet ich dadurch mit den einfachen christlichen Anschauungen, die mir beigebracht worden waren, in Konflikt. Während ich immer weiter forschte, bemerkte ich, daß ich damit den Unwillen der anderen heraufbeschwor. Aber es war mir unmöglich, die Ansichten all der Christen zu bejahen, mit denen ich bisher zusammen war. Allmählich entwickelten sich in mir zwei Seelen: die eine war still und zurückgezogen, heimlich von Zweifeln umhergetrieben, sie forschte und dachte nach und versuchte, die Grenzen des Glaubens zu überwinden. Dic andere war aktiv und vertrauensvoll, mit großer Begeisterung nahm sie an christlicher Arbeit teil. Aber die erste Seele war mein wahres Ich. Dieses Ich galt es zu entdecken und ihm aus dem Gefängnis herauszuhelfen, in das es immer tiefer durch den christlichen Dienst hineingeriet. Das andere Ich entsprach dem Wunschbild meiner christlichen Freunde und war entsprechend bemüht, das Richtige zu tun, aber ohne Überzeugung.

Zuhause, wenn mein älterer Bruder und meine Schwester ihre Freunde einluden, war ich zunächst noch zu jung, um mehr zu tun, als Kaffee einzuschenken; ich saß verstohlen in der hintersten Ecke und hörte ihnen zu und bewunderte sie. Bald war ich durch ihr Erzählen so eingeschüchtert, daß ich glaubte, ich selbst wäre nie in der Lage, etwas für Christus zu tun. Sie schienen mit besonderen Gaben ausgerüstet worden zu sein. Aber niemand sagte mir, daß Gott auch mir Gaben anvertraut hatte und sie gebrauchen wollte. Allem Anschein nach zählten nur ganz bestimmte Talente im Reiche Gottes, etwa öffentliches Reden, Organisieren und Führerschaft. Für diejenigen, die glaubten, solche Gaben nicht zu besitzen, gab es offenbar nur einen Dienst zweiten Grades. Sie behaupten zwar, Gott brauche auch andere Gaben, aber das schien für ihr Leben keine Gültigkeit zu haben. Bei einem sensiblen Menschen kann das, vor allem während der schrecklichen Ungewißheit der Jugendjahre, ein beängstigendes Gefühl der Unzulänglichkeit hervorrufen.

In dieser Zeit nahm ich an einigen großen Versammlungen teil, bei denen der Sprecher wiederholt zu einer völligen Hingabe an Christus aufrief. Ich ging mit ganzem Herzen darauf ein und erwartete einen sofortigen Sieg über meine Fehler. Aber geistliche Kämpfe werden nicht vom grünen Tisch aus entschieden — sie müssen im täglichen Leben ausgefochten werden. Und als meine Situation sich nicht sofort änderte, war ich verwirrt, und bei der nächsten Versammlung verpflichtete ich mich noch einmal, diesmal noch ernster. Schließlich gab ich es auf und kam zu dem Schluß, daß entweder alles nur ein Wunschdenken war oder dieser Weg für mich nicht galt.

Ich fühlte mich ausgeschlossen und rebellierte gegen meine frühere Leichtgläubigkeit. Ich wünschte, man hätte es mir gesagt, daß die Versuchung und die Sünde immer um uns sind, solange wir auf dieser Erde leben. Mir wäre manches erspart geblieben. Man braucht nur einen begeisterungsfähigen Redner, der mit geschickten Worten seinen Zuhörern erklärt, daß durch eine Erfahrung alle Sünde über Nacht für immer besiegt ist — und die ganze christliche Welt wird ihm nachlaufen. Aber die Bibel lehrt, daß es kein abgekürztes Verfahren gibt — jeder von uns muß immer wieder neue Kämpfe durchstehen.

Eine besondere Sünde, die mich unsagbar beunruhigte, war die Unreinheit der Gedanken. Wie konnte Gott mich jemals gebrauchen, wenn solche Gedanken ungewollt in meinen Sinn kamen. Erst viel später lernte ich, daß es etwas ganz Natürliches ist, wenn geschlechtliche Wünsche auftauchen. Darin liegt nichts Sündiges — zur Sünde werden diese Gedanken erst dann, wenn wir sie nicht an ihren richtigen Platz weisen. Erst da, wo das Sexuelle dem Gesetz Gottes entgegensteht, erwächst Schuld.

Ich wünschte, man hätte mich dazu ermutigt, die Welt ernst zu nehmen. Ich hätte mich gerne der Diskussionsgruppe unserer Schule angeschlossen, um freier sprechen zu lernen, zudem interessierten mich die Debatten. Aber alles Weltliche war verworfen — wie durfte ich meine Zeit für solch unwichtige Dinge verschwenden, wenn ich all meine Kraft der christlichen Gemeinschaft zur Verfügung stellen sollte. Dabei hätte ich gut beides miteinander verbinden und mich sowohl der einen als auch der anderen Sache widmen können. Aber ich wurde von jeher dazu ermutigt, soweit als möglich außerhalb der Welt zu leben. Natürlich gab man zu, daß es notwendig war, in die Welt zu gehen und das Wort Gottes zu predigen, aber im Innern zogen sie es vor, für sich zu bleiben, und hofften, die Menschen würden zu ihnen kommen. Dann hielten sie mir eine Predigt über die Sorge um die Seele. Diese Sorge um die Seele war gut und recht, und ich wußte auch, wie notwendig sie war, aber irgendwie, trotz all meiner Gebete, konnte ich keine Begeisterung dafür aufbringen. Wie hätte es auch sein können? Ich wußte nicht einmal richtig, wovon diese Nichtchristen gerettet werden sollten. Ich war in einem christlichen Heim aufgewachsen und hatte unter Christen gelebt.

Ich wünschte, ich wäre viel früher ermutigt worden, hinauszugehen, um Menschen zu begegnen und mich sowohl auf der schmutzigen, als auch auf der fröhlichen Seite des Lebens umzusehen. Aber alle meine Interessen lagen auf religiösem Gebiet, ausgenommen mein begrenztes Arbeitsgebiet. Es gab für mich keine Brücke zu andern Menschen; wie sollte ich sie denn zu Christus führen können. Man sah sogar ziemlich auf die soziale Arbeit herab, denn man ermahnte mich, mehr auf die Seelen anderer Menschen bedacht zu sein als auf ihr leibliches Wohl. Sie hatten offensichtlich vergessen, daß Jesus einen großen Teil Seiner Zeit auf Erden damit verbrachte, menschliche Krankheiten zu heilen. Erst viele Jahre später spürte ich in mir ein tiefes, ehrliches Verlangen, den Menschen von Gott zu erzählen, nämlich da, als ich begann, wirklich in der Welt zu leben und zum erstenmal in unmittelbarer Berührung mit ihr zu stehen. Ich fing an, moderne Literatur zu lesen und über Politik zu diskutieren. Wer der Welt aus der Bibel erzählen will, der muß zuerst erkannt haben, daß die Welt wirklich diese Hilfe braucht.

Ich befand mich in einem wenig beneidenswerten Zwischenzustand. Soviel ich nur konnte, vergrub ich mich hinter ein Buch. Ich paßte nicht in das Bild, das man im allgemeinen von einem Christen hatte, denn ich war viel mehr an meinen Büchern und Ideen interessiert als daran, mit Menschen zusammen zu sein. Es ist natürlich, wenn ein junger Mensch die Dinge des Lebens erforschen will; diese Neigung nahm bei mir allmählich Form an. Ich stand vor der Berufswahl. Ich fühlte mich stark zur Forschung hingezogen, aber zugleich scheute ich davor zurück. Ich wollte etwas Praktisches tun, so daß ich mehr Verbindung mit Menschen haben konnte. So zog ich es vor, anstatt mich an der Universität für einen rein wissenschaftlichen Zweig einzuschreiben, den Beruf des Ingenieurs zu wählen. Ich stand auf der ganzen Linie in einem Zwiespalt. Wozu ich mich auch immer entschloß, alle Pläne, die ich machte, alles, an dem ich mich erfreute, schien irgendwie göttliche Mißbilligung zu erregen.

Wenn ein junger Mann aufwächst, möchte er sich stark fühlen, aber die Christen um mich herum schienen die Schwäche zu ihrem Ideal zu machen. Und so sang ich jahrelang „Du bist der Töpfer, ich bin der Ton", ohne mir klarzumachen, daß Ton erst dann brauchbar wird, wenn er gebrannt ist. Wir müssen Gott gegenüber immer offen sein, damit Er uns zerbrechen und wieder neu formen kann, dann werden wir — ganz gleich ob wir stark sind oder schwach — für Gott von Nutzen sein. Christus anzunehmen bedeutet, daß wir unser Vertrauen endgültig auf Gott setzen, anstatt auf uns selbst. Aber das ist nicht alles. Christus starb, aber Er ist auch wieder auferstanden, und es gibt eine Lehre von der Würde des Menschen, nach der der Mensch durch Christus an seinen rechtmäßigen Platz, nämlich als Herrscher der Welt, zurückkehrt. Ich haßte mich wegen meiner Schwachheit und meines Versagens, aber allmählich lernte ich, daß ich wie ich meinen Nachbarn lieben, auch mich selbst lieben sollte.

Bei meiner Erziehung war — veranlaßt durch irgendeine sonderbare Werteinschätzung — auf die Einführung in ernsthafte Literatur und jede Art von Kunst verzichtet worden. Erst unmittelbar vor meinem Studium machte ich den ersten zaghaften Versuch, mich mit Kunst zu befassen. Ich las unersättlich moderne Literatur, blieb jedoch lange Zeit vollkommen passiv, ich nahm nur auf, bezog aber keinerlei Stellung. Ich war belehrt worden, das moderne Konzept des Schöpferischen sei falsch. Da das Herz des Menschen sündig und verdorben sei und seine ganze Vorstellungskraft böse ist, wie konnte dann irgend etwas aus dem Raum der Kunst von Wert sein? (Die Musik natürlich ausgenommen, sie konnte zur Verehrung Gottes gebraucht werden.) Jedenfalls sei es für mich besser, meine Zeit nicht mit solchen Zerstreuungen zu vergeuden. Ich war neunzehn Jahre alt, als ich zum erstenmal einer Künstlerin begegnete, die Christ war. Meine Reaktion konnte ich selbst nicht voraussehen — ich verliebte mich in sie. Allein schon das Bewußtsein, zu ihren Füßen zu sitzen und mit einem Menschen zu sprechen, der sensibel und dem Leben gegenüber aufgeschlossen war und dabei genauso dachte wie ich — dies versetzte mich in eine ganz andere Welt. Zum erstenmal erhielt ich Einblicke in die Wunder der Malerei und Bildhauerkunst. Unsere Freundschaft dauerte jedoch nicht lange; sie hatte andere Verpflichtungen, und so standen wir beide vor der Wahl. Schließlich trennten wir uns; doch ich war irgendwie verwandelt worden. Ich stand nun einem Problem gegenüber, das ich kaum beschreiben kann.

Die Einstellung, die man mir früh eingeimpft hatte, brachte mich nach meinem Abschlußexamen an der Universität in einen großen Zwiespalt. Ich sollte zwischen verschiedenen Stellenangeboten wählen. Es war mein aufrichtiger Wunsch, das zu tun, was Gott von mir wollte. So oft ich mich für eine besondere Stelle entschließen wollte, die ich schon aus Vernunftsgründen für die beste hielt, hatte ich dieses unbeschreibliche Gefühl, meine Wahl müsse falsch sein, weil ich an dieser Arbeit Freude hätte. Also wählte ich die andere Möglichkeit. Dieselbe Haltung übertrug ich auch auf das Gebiet des Schöpferischen. Aber irgend etwas in mir wehrte sich gegen diese verneinende Einstellung.

Ich wünschte, ich wäre einem älteren, reiferen Christen begegnet, der sich einmal Zeit genommen hätte, um mich anzuhören und meine verworrenen Vorstellungen zu korrigieren. Aber sie schienen alle so beschäftigt zu sein und nahmen sich selbst so wichtig — wie hätte ich es wagen können, ihre Zeit mit meinen Problemen zu vergeuden? Die Fragen blieben. Als ich die Universität verließ, hatte ich das Gefühl, mich ganz abkapseln zu müssen, um mich selbst zu finden. Ich fing als Ingenieur auf Baustellen an, wohnte auch nicht mehr zu Hause, lebte vielmehr zurückgezogen und weit entfernt von allem, was mir früher Halt bedeutet hatte. Ich war ganz auf mich selbst und auf Gott angewiesen. In meiner ersten Stelle hatte ich keine Möglichkeit, einen christlichen Dienst zu übernehmen. Auf der zweiten Baustelle fühlte ich mich sehr unbefriedigt; denn es gab so wenig zu tun, daß ich mich langweilte. So vergrub ich mich noch mehr in meine Bücher und lebte ganz in meiner Gedankenwelt. Und wieder war niemand da, an den ich mich hätte wenden können. Aber warum sollten es auch andere spüren, welche Probleme ich mit mir herumtrug? Ich war schon zu lange ein aktiver Christ, als daß ich es hätte wagen können, meine Schwierigkeiten offen auszusprechen — aber sie quälten mich — und ich brauchte eine Antwort.

Es kam schließlich so weit, daß ich einfach nicht mehr weiter konnte. Ich suchte in einer nahegelegenen Stadt den Pfarrer auf, den ich wegen seiner Predigten sehr schätzte. Aber leider war diese Begegnung für mich sehr enttäuschend. Völlig zerschlagen verließ ich sein Sprechzimmer — noch hoffnungsloser als zuvor. Er hatte sich meinen Ausbruch ruhig angehört und dann alle möglichen Standardfragen gestellt — „Ob ich meine Bibel läse" usw. Vielleicht glaubte er, meine Situation damit etwas zu erleichtern; tatsächlich aber berührten mich seine Fragen nicht einmal (ich hatte ihm allerdings auch wenig Gelegenheit gegeben, meinen eigentlichen Zustand zu erfahren). Ich wollte nichts anderes als Mensch sein, aber Gott schien mir dieses Recht abzusprechen. Wie konnte ich solch einem Gott noch länger dienen? Ich las: „Wenn mir jemand nachfolgen will, der verleugne sich selbst." Ein sehr bekannter Bibelkommentar schien das zu unterstreichen; denn dort wurde man aufgefordert, die Selbsterkenntnis, die dem modernen Verstand so lieb ist, zu verleugnen. Ich hätte nun gerne all das, was mich beschäftigte, aufgeschrieben. Aber ich hatte nicht den Mut, bis ins letzte hinein ehrlich zu sein. Sollte ich wirklich dem Lied folgen, in dem es heißt: „Nichts zu sein, nichts, einfach zu Seinen Füßen zu liegen“? Gerade das wollte ich nicht: gar nichts mehr sein. Ich wollte ich selbst sein und dann meine Treue zu Christus bezeugen.

Gott kannte meine Qual. Er hatte meinen Schrei gehört. Im vergangenen Sommer arbeitete ich in einem Ferienlager mit einem Christen zusammen, der zehn Jahre älter war als ich. Er ließ mich reden und verwarf meine Gedanken nicht. Solch eine Bestätigung brauchte ich. Allmählich wurde mir klar, daß Gott mich so geschaffen hatte, wie ich war, damit ich Ihm dienen konnte; und daß es falsch war, mich in eine andere Form zwingen zu wollen. Ich weiß nun: Es gibt keine Christen nach einem Rezeptbuch; ich muß mein eigenes Leben leben und Gott vertrauen; und dann wird er mir meinen Weg zeigen, der sicherlich anders ist, als der Weg, den andere Menschen gehen. Aber dennoch wird er positiv und herausfordernd sein.

Wer mir wegen dieser Einstellung mein Christsein absprechen will, der wird seine Meinung nicht mit der Bibel begründen können. Selbst wer nur flüchtig das Alte Testament liest, muß zugeben, daß Gott die unterschiedlichsten Charaktere für seine Zwecke gebraucht; denken wir nur an Männer wie Jakob und David. Es ist ein Zug unserer Welt, alle in ein und denselben Rahmen pressen zu wollen. Aber der Leib Christi besteht aus vielen einzelnen Gliedern, die durch Christus zu einem Ganzen zusammengeschlossen sind. Manchmal scheuen wir vor der Verantwortung zurück, die uns mit den jeweiligen Gaben aufgetragen ist. Wie möchten uns viel lieber anpassen, anstatt ein Amt zu bekleiden, das irgendwie aus dem Rahmen fällt. Aber ich habe festgestellt, daß Gott nicht zerstört, sondern aufbaut, daß er nicht zerbricht, sondern heilt. Er vernichtet nicht unser Ich, sondern er will diese unsere Persönlichkeit durch und durch heil machen. Diesem Gott kann ich mit Freuden mein Leben zur Verfügung stellen. Als ich entdeckt hatte, daß mein Bild von Gott falsch war, konnte ich getrost weiterleben, mit dem Bild, das die Bibel von Gott gibt.

Ich war ein Tunnelleser

PHILIP TOMLINSON

Es gibt eine Flut von Büchern mit Titeln wie „Ich war ein Teenager", „Ich war ein Rauschgiftsüchtiger", „Ich war ein Rebell" u. a. Vielleicht werde auch ich eines Tages ein Buch herausgeben.

Mein Buch wird den Titel haben „Ich war ein Verächter der Literatur". Als Untertitel würde ich schreiben: Ich las weder während meines Studiums noch in meinem Beruf.

Natürlich habe ich gelesen, die Frage ist nur: Was las ich? Ich war ein Mensch mit Scheuklappen. Ich sah weder nach rechts noch nach links, nur stur geradeaus. Vielleicht auch könnte ich sagen: Ich war ein „Tunnelleser". Meine Welt war eng vermauert. Während meines Studiums las ich (wenn überhaupt) Fachliteratur, also entweder Chemie oder Theologie; allenfalls noch Themen über Psychologie, die mir für die gegenwärtige Studentensituation gewisse Hilfestellung geben konnten. Ich war unfähig etwas zu lesen, das außerhalb meines Fachgebietes lag.

Gott schuf die Welt und hielt sie für gut. Später hat die Sünde alles durcheinandergebracht, doch Gott gab seine Schöpfung nicht auf; und David z. B. konnte noch in dieser Schöpfung Gott sehen und frohlocken. Nach meiner heutigen Ansicht ist es Gottes Wunsch, daß wir uns auch an guter weltlicher Literatur erfreuen sollen, und zwar aus demselben Grund, aus dem David an einem Sonnenuntergang Freude hatte.

Johannes nennt Christus das „wahre" Licht. Das Wort bedeutet „Quelle" des Lichtes. Das Licht wird allein durch

Ihn sichtbar. Die Wahrheit kommt nicht nur in christlichen, sondern bis zu einem gewissen Grad auch in weltlichen Büchern zum Ausdruck.

Calvin wird oft als Sonderling betrachtet, der — von allem zurückgezogen — in seinem Studierzimmer sitzt und auf irdische Freuden verzichtet. In seinen Grundlehren aber sagt er: „Wann immer wir heidnischen Schriftstellern begegnen, laßt uns von dem Licht der Wahrheit lernen, das sich in ihren Werken in wundervoller Weise entfaltet. Hier können wir sehen, daß der menschliche Verstand, gefallen wie er ist und verdorben, dennoch von Gott mit vorzüglichen Gaben ausgestattet und verschönt ist. Wenn wir glauben, daß der Geist Gottes die einzige Quelle der Wahrheit ist, werden wir die Wahrheit selbst weder ablehnen noch geringschätzen, wo immer sie uns auch entgegentreten wird, es sei denn, daß wir den Geist Gottes beleidigen wollen." So wünscht nicht nur Gott, sondern auch J. Calvin, daß wir weltliche Literatur lesen.

Das Zittern meiner Bleistiftspitze zeigt, daß ihr langsam nervös werdet. Ihr sagt: „Aber ist weltliche Literatur nicht ein Anreiz zur Sünde?" In meinem Fall war das Gegenteil der Fall. Durch ein Buch wurde mir die Sünde bewußt, nämlich da, als ich den Satz las: „Meine Freunde, die Schwierigkeit besteht nicht darin, dem Tod zu entgehen, sondern der Ungerechtigkeit, denn sie läuft schneller als der Tod." Sokrates sagt dieses, während er wegen seines Lebens unter Anklage stand. Die Folge davon war, daß er sterben mußte.

Während ich Aristoteles las, lernte ich verstehen, was Heiligkeit bedeutet: „Niemand würde einen Menschen gerecht nennen, der sich nicht freut, gerecht zu handeln." Ein Trauerkloß würde nicht zustimmen, aber der Apostel Paulus tat es.

Dadurch, daß ich bedeutende Literatur las (nicht Ausschußware, die verbreitet genug ist), hat Gott mich gezwungen, gute Gedanken nachzudenken über Leben und Tod, Krieg und Frieden, Liebe und Haß, Freiheit und Sklaverei, Treue und Verrat.

Nehmt als Beispiel Antigone. Einer ihrer Brüder hat

einen erfolglosen Aufstand gegen ihr Land geführt und ist getötet worden. Ein königlicher Erlaß verbot seine Beerdigung. Was sollte sie tun, der Autorität gehorchen oder nicht? Sie gehorchte nicht. Sie brachte es nicht fertig, in ihrem Salon zu sitzen und Tee zu trinken, während ihr Bruder von den Vögeln gefressen wurde. So schlich sie heimlich fort und versuchte, ihn zu begraben. Sie wurde gefangengenommen und starb in der Verbannung. War sie ein Hitzkopf oder unbesonnen? Nein, sie war treu. Durch Antigone bin ich heute ein besserer Mensch. Sie hat mich beschämt.

So war für mich weltliche Literatur, gute weltliche Literatur, nicht ein Anreiz zur Sünde, sondern zur Gerechtigkeit.

Gott hat mir auch in anderer Weise durch solche Literatur geholfen. Er hat mir gezeigt, wie Wahrheit erlernt werden kann. Nehmt z. B. John Stuart Mill. Er sagte: „Nicht der heftige Konflikt zwischen Teilen der Wahrheit ist das unheimlich Böse, sondern die stille Unterdrückung der einen Hälfte; es besteht immer Hoffnung, wenn Menschen gezwungen werden, beide Seiten zu hören; dann, wenn sie nur eine beachten, geschieht es, daß Irrtümer sich in Vorurteile verhärten und die Wahrheit selbst hört auf, die Wirkung der Wahrheit zu haben, indem sie zur Unwahrheit verzerrt wird." In einer Zeitschrift hatten wir eine Auseinandersetzung über die Aufhebung der Rassenschranken, die mit oben gesagter Überlegung zusammenhing. Jeder behauptete sein Recht und kritisierte den Standpunkt des anderen. Sie sollten Mill lesen.

Durch Mill erkannte ich auch die Scheinheiligkeit in meinem Leben. „Alle Christen glauben, daß die Armen und die Demütigen die Gesegneten sind ... daß sie nicht richten sollten ... daß sie sich nicht um den nächsten Tag Gedanken machen sollten ... Sie glauben ihnen, wie Menschen glauben, was sie immer gerühmt, aber nie wirklich erprobt haben." Seitdem ich Mill gelesen habe, prüfe ich mich selbst.

Ich denke an eine andere Stelle, wo Mill sagt, daß einige bürgerliche Verpflichtungen auf griechische und römische Quellen zurückgeführt werden, nicht auf das Christentum. Ich wehrte mich dagegen, aber als ich Material sammelte, um ihm zu beweisen, daß er unrecht hatte, mußte ich wieder einmal mich selbst korrigieren. Alte Wahrheiten sah ich plötzlich in einem ganz neuen Licht.

Ich will damit keineswegs behaupten, daß weltliche Literatur die Wahrheit besser ausdrückt als die Bibel oder daß die Bibel an Hand von weltlichen Büchern beurteilt werden sollte. Gott bewahre! Jede Aussage, die im Widerspruch zur Heiligen Schrift steht, sollte abgelehnt werden. Auch ist derjenige, der die weltliche Literatur besser kennt als seine Bibel, ein Narr. Nichts Gedrucktes kommt der Kraft und Weisheit der Heiligen Schrift gleich. Ihre Bedeutung kann nie zu hoch eingeschätzt werden. In ihr spiegelt sich die Heiligkeit und das Wesen Gottes wider. Wer sie verachtet, der distanziert sich selbst von Gott. Wir sollten mit Freunden darüber diskutieren, in schlaflosen Nächten darüber nachdenken, sie ausführlich studieren, sie auswendig lernen, „Menschen eines Buches werden" — wie Wesley sagte.

Wesley z. B. war ein Mensch von ungeheurer Belesenheit. Sein Denken jedoch wurde von einem einzigen Buch beherrscht, der Bibel. Dennoch waren Schriften von Aristoteles, Plato und Sophokles ihm nicht unbekannt.

Warum sollte man sich nicht ein Exemplar von Antigone aus der Bibliothek holen und sich hinsetzen und lesen? Es ist ein Stoff, der einen ganz in Anspruch nimmt. Und vielleicht werden Sie hinterher besser verstehen, was Christsein bedeutet.

Gott ist größer als Scheidung

IAN MARSHALL

Entsetzen, Enttäuschung, Empörung und Angst — das waren die Gefühle, die mich beherrschten, als ich erfuhr, daß meine Eltern sich scheiden lassen wollten. Wochenlang wurde ich von den unterschiedlichsten Gefühlen hin und her gezerrt. Warum taten sie das? Wie konnten sie mir dies antun? Diese Schande würde meinen Ruf in der Kirche und in der Schule ruinieren. Ich gehörte nun zu einer zweitklassigen Familie. Ich war von jetzt an gebrandmarkt, auch unter meinen christlichen Freunden. Ich empfand nichts als Abscheu gegen meine Eltern. Wie konnte ich meine Eltern ehren, wie es die Bibel lehrte, wenn sie es — wie ich glaubte —, einfach nicht mehr wert waren?

Später fing ich an, mir etwas Sorge um sie zu machen. Was würde meine Mutter nun anfangen? Sie war ein netter Mensch, zeitweise ein wenig einfältig, ungebildet und für nichts als Hausarbeit zu gebrauchen — womit in aller Welt wollte sie sich ihr Brot verdienen? Und wie konnte ich beiden, Mutter und Vater, Freund sein? Wen sollte ich vorziehen? Wenn ich sagen würde: „Ich werde Vater besuchen“, würde meine Mutter sich aufregen, und es verletzte mich, wenn sie sagte: „Ich wünschte, ‚er‘ wäre nie dein Vater gewesen.“ Aber das konnte Mutter nie verstehen. Und wie sollte ich den in Frage kommenden Vätern begegnen, die mir bald vorgestellt werden würden? Wie nennt man seine neue Mutter oder seinen neuen Vater?

Nach einiger Zeit hatte ich anderen Kummer. Oft hatte ich den Eindruck, als haßte ich Vater und Mutter. Aber ich war Christ. Erwartete Gott nicht von mir, daß ich sie liebte? Aber ich wußte, daß ich nicht fähig dazu war. Ich fing an, mich wegen meiner Haßgefühle ihnen gegenüber schuldig zu fühlen. Ich fing an, mich zu fragen, ob ich vielleicht irgendwie die Ursache des ganzen Problems war? Und — was noch beängstigender war — vielleicht hatte ich eine gewisse Erbanlage in mir, durch die auch ich gleichsam für eine unglückliche Ehe prädestiniert war! Ich fing an, unsere Familiengeschichte daraufhin zu durchforschen und stellte fest: seit Generationen (von der Urgroßmutter bis zu meiner Schwester) waren mütterlicherseits durchschnittlich je vier Ehen geschlossen worden, d. h. vier Männer für jede Frau. Nun, ich war männlichen Geschlechts und hoffte, daß darum die Prognose günstiger stand. Aber gewisse Fachleute, die auf Ehefragen spezialisiert waren, gaben mir keinerlei Chancen für eine gute Ehe. Nach ihrer Ansicht hätte ich einfach keine Möglichkeit, glücklich verheiratet zu bleiben (zumindest nicht mit demselben Mädchen). Dies brachte mich noch mehr gegen meine Eltern auf.

Ein Problem türmte sich aufs andere. Warum ließ Gott dies gerade in meinem Leben zu? Kannte er mich denn nicht? In dieser Situation betete ich zu Gott, den ich liebte; warum ließ er kein Wunder geschehen? Ich rief ihn zu Hilfe — aber wo war Er?

Das alles geschah vor zweiundzwanzig Jahren. Während dieser Zeit habe ich viel über Eltern im allgemeinen gelernt. Ich erfuhr, wie es Eltern in der Zeit der Scheidung zumute ist. Einige z. B. denken, daß das Schicksal ihnen einen harten Schlag versetzt hat, daß sie die Zielscheibe blinder, unkontrollierbarer Kräfte im Leben sind. Andere fühlen sich schuldig, weil sie in ihrer Ehe versagt haben und ihre Kinder vernachlässigt wurden. Dies wiederum macht sie unfähig, natürliche, warmherzige Partner zu sein, die gerne mit anderen Menschen zusammen sind.

Oft wird ein Elternteil den andern schuldig sprechen. Wir sehen nur selten beide Seiten. Es ist einfach, den Vater zu kritisieren, weil er mit einer andern Frau ausgeht. Aber was mag ihn zu dieser Handlung bewogen haben? Mutters Feststellung lautet: „Niemand ist zu alt, um ein Narr zu sein!“ Einige Jahre nach der Scheidung sagte mir mein Vater: „Als du geboren wurdest, verlor ich meine Frau. Alle Aufmerksamkeit und Liebe war nun auf dich gerichtet, so daß für mich keine Liebe mehr übrigblieb." Das ist keine Entschuldigung für meinen Vater; aber ich habe dadurch ein wenig das eigentliche Problem ahnen können, das dahinter stand.

Während ich zurückblicke, stelle ich mit großem Erstaunen fest, daß ich schon beinahe 14 Jahre glücklich verheiratet bin — und außerdem mit demselben Mädchen! Heute glaube ich, daß Gott diesen Schnitt in meinem Leben zugelassen hat; aber nicht, um mir zu zeigen, daß er mich haßt. Heißt es nicht, daß Gott regnen läßt über Gute und Böse? So wie das Gesetz der Schwerkraft für Christen und Nichtchristen in gleicher Weise gilt, so werden auch alle in gleicher Weise mitbetroffen, wenn die Gesetze der menschlichen Beziehungen gebrochen werden. Die Frage ist nur, was wir daraus machen.

Ich weiß, was ich von meiner eigenen Ehe erwarte, und ich kenne einige der Probleme, vor denen ich auf der Hut sein muß. Es ist nicht wahr, daß der Mensch lediglich das Produkt seiner Erziehung ist oder seines Milieus. Durch Gott wird das Gesetz des Negativen durchbrochen. Mit Gott, der in mir lebt und mir gewisse Richtlinien gibt, kann ich voller Zuversicht mit meiner christlichen Frau unserer Zukunft entgegensehen. Gott wird uns bearbeiten und uns die Kraft geben, immer aufs neue einander zu lieben! Angenommen, wir würden gewisse Grundsätze außer acht lassen und dem anderen die Liebe schuldig bleiben, sollten wir dann nicht zu Gott gehen und ihn bitten, unser Versagen zu überwinden? Ich meine, das wäre dasselbe, als wenn wir uns aus einem zehnstöckigen Gebäude in die Tiefe stürzten und Gott bäten, für einige Minuten die Schwerkraft aufzuheben. Und doch, Gott ist mehr als ein Rechtsanwalt oder ein Gesetzgeber, auch wenn wir nicht vollkommen sind, ja, wenn wir Gesetze brechen, Gott kann uns vergeben, um uns in eine neue Richtung zu führen, um die Wunden zu heilen, auch die, die wir anderen Menschen zugefügt haben. Und wenn wir ihm die Scherben unseres Lebens geben und ihn bitten, so kann er aus einem zerbrochenen Leben etwas viel Größeres und Schöneres gestalten, als es bei dem besten

Leben je möglich gewesen wäre. Gott ist größer als die Scheidung, und Er, der mich so liebte, daß Er für mich starb, wird mich auch weiterhin in das Bild Jesu Christi umgestalten, und dazu wird Er all das gebrauchen, was in meinen Augen Schrottwert hatte. Die Scherben meines Lebens sind Ton in Seiner Hand, den Er gebraucht.

Christsein bedeutet nicht, einfach etwas zu glauben

M. SVOBODA

Manchmal werden falsche Nachrichten durchgegeben. Kommunikation hat zwei Seiten: das Sprechen und das Hören. Nur wenn ein Sprecher spricht und ein Hörer hinhört, kommt Kommunikation zustande. Aber manchmal hört der Hörer etwas, das der Sprecher gar nicht sagen wollte. Dann geht die Kommunikation daneben. Die falsche Nachricht ist durchgekommen.

Nun, meine Erfahrungen als Christ wurden durch fehlerhafte Kommunikation sehr beeinträchtigt. Ich vermute, daß ich manchmal etwas anderes hörte, als meine frommen Eltern, bibelgläubige Pfarrer und ernsthafte Lehrer mir sagen wollten. Vielleicht haben sie sich nie so klar ausgedrückt, daß ich sie verstehen konnte. Vielleicht lag der Fehler einfach an der falschen Betonung; vielleicht auch haben sie sich tatsächlich in manchem, was sie sagten, selbst geirrt. Wie dem auch sei — ich hörte und nahm einige falsche Vorstellungen auf, die sich in meinen ersten Jahren als Christ entscheidend ausgewirkt haben, und ich nehme an, daß die Fehlerquelle in erster Linie mein defekter Empfangsapparat war. Jedenfalls haben mir diese Vorstellungen viel zu schaffen gemacht, als ich versuchte, sie in den Raum meiner christlichen Erfahrungen einzubeziehen. Erst nach einigen Studienjahren, Jahren des Lernens und Reifens habe ich es mit Gottes Gnade zur Korrektur einiger dieser falschen Vorstellungen gebracht; ich will es hier erzählen:

Ich wuchs in einer christlichen Familie auf, in der man sich in jeder Beziehung bemühte, nach der Bibel zu leben, und sich auch öffentlich dazu bekannte. Fast jeden Tag sah ich meine Eltern mit irgendeiner christlichen Tätigkeit beschäftigt. Als ich noch ein kleines Kind war — ich kann mich nicht einmal mehr erinnern, wie alt ich war — bat ich Jesus, „in mein Herz zu kommen". Meine Mutter hielt regelmäßig Bibelstunde für unsere Nachbarkinder, und von ihr hörte ich von dieser Möglichkeit, und ich war bereit, es zu tun — vielleicht, um anerkannt zu werden. Meine Eltern freuten sich sehr, daß ich — wie sie sagten — Christ geworden sei. Noch jahrelang nach diesem Erleben, an das ich mich im einzelnen nicht mehr erinnern konnte, berief ich mich auf die Bestätigung meiner Eltern. Ich sah darin eine Garantie für meine Errettung. Obwohl ich mich nur noch dunkel daran erinnern konnte, daß ich einmal in frühester Kindheit diesen Entschluß gefaßt hatte, glaubte ich doch, daß ich wiedergeboren sei.

Ich wurde in den Geschichten der Bibel gut unterrichtet. Ich glaubte an die Lehren des orthodoxen Christentums. Ich glaubte, erlöst zu sein, weil Jesus für mich starb. Das, was meine Kirche guthieß, war für mein Verhalten maßgebend. Im allgemeinen ging ich gerne zur Sonntagschule, ebenso in die Jugendstunden, in die Sommerfreizeiten. Alles, was ich hörte, nahm ich bedingungslos an. Ich bemühte mich, meinen christlichen Freunden Christus zu bezeugen — und erzählte ihnen von Gottes Plan unserer Errettung. Bei evangelistischen Versammlungen war ich Seelsorgehelfer und beriet jene, die nach vorne kamen, und den Wunsch aussprachen, errettet zu werden.

Und was sagte ich solchen Nichtchristen? Ich sagte ihnen, daß sie gesündigt hätten, „denn alle haben gesündigt und mangeln des Ruhmes, den sie vor Gott haben sollten." Ich erzählte ihnen, daß ihre Sünde Gottes ewige Strafe in der Hölle verdient hätte, „denn der Tod ist der Sünde Sold". Ich erzählte ihnen, daß Gott für uns die Erlösung bereit hält, „das Geschenk des ewigen Lebens durch unseren Herrn Jesus Christus". Ich sagte ihnen, daß auch sie diese Gabe der Errettung erhalten könnten, wenn sie glaubten, daß Jesus für ihre Sünden gestorben ist, „denn also hat Gott die Welt geliebt, daß er seinen eingeborenen Sohn sandte, auf daß alle, die an ihn glauben, nicht verloren werden, sondern das ewige Leben haben". Genau das hatte ich in verschiedenen „Stunden für Seelengewinner" und durch „Seelen gewinnende Schriften" gelernt.

Nachdem jemand Christ geworden war, achtete ich sehr darauf, daß er die christlichen Lebensregeln genau wie ich befolgte. Dadurch unterschied er sich von den Nichtchristen und bewies somit deutlich die Trennung von der Welt. Außerdem konnte — so glaubte jedenfalls ich — an seinem Verhalten die Tiefe der Verbundenheit mit Christus abgelesen werden. Wer Vorbild sein wollte, hatte selbstverständlich gewisse Dinge zu berücksichtigen, wie stille Zeit, regelmäßigen Gottesdienstbesuch usw. Andererseits gab es Dinge, die ein Christ nicht tun durfte, z. B. rauchen, trinken und an gewissen Veranstaltungen teilnehmen.

Für mich wurde das Christsein erst problematisch, als ich zur Universität ging. Ich entdeckte, daß meine Kommilitonen mein Beispiel, das ich ihnen gab, nicht akzeptierten. Die hier übliche Möglichkeit freier Urteilsbildung stand im Gegensatz zur Sicherheit feststehender Urteile zu Hause, in Kirche und Schule. Diese Möglichkeit setzte mich der Gefahr der Unsicherheit aus. Nicht der offene Angriff, sondern dieser Weg freier Urteilsbildung verursachte mir Mißbehagen. Am allermeisten, als ich begann, Dinge in Frage zu stellen, die bisher für mich unantastbar gewesen waren.

Eine Zeitlang versuchte ich, meinen Glauben und meine Grundsätze vor anderen zu rechtfertigen, aber ich fand kein Verständnis. Ich kam mit der Studentenmission in Verbindung und besuchte weiterhin regelmäßig die Gottesdienste, übernahm die Führung einer unserer Gruppen. Es dauerte jedoch nicht lange, da legte ich nur noch selten Zeugnis vor meinen Studienkameraden ab. Wieder nach einer Weile beunruhigte mich sogar Zweifel an meinem bisherigen Glauben, den ich dadurch zu unterdrükken suchte, daß ich an den Glauben meiner Eltern und so mancher anderer dachte, die mir als gute Christen bekannt waren, und an mein imaginäres Erlebnis in früherer Kindheit. Deprimiert und enttäuscht stellte ich fest, daß ich zu keiner ernstlichen Arbeit mehr fähig war. So bemühte ich mich, irgendwie ein gewisses „Hoch-Gefühl" in mir hervorzubringen, das mir die Gewißheit geben konnte, trotz allem ein Christ zu sein.

Wie quälend war es für mich, regelmäßig über meine innersten Gedanken Tagebuch zu führen! Daran wollte ich mein geistliches Wachstum feststellen. Ich versuchte, mich in eine neue Verpflichtung hineinzusteigern. Ich versuchte, gefühlsmäßig zu erfassen, daß ich in Christus war. Was für eine Überwindung kostete es mich, ein ungeistliches Lied mitzusingen! Welch eine Anstrengung war es, meine Stimmung, die ich Freude am Herrn nannte, hochzuhalten! Welch eine Last, mit der Sündhaftigkeit in mir fertigzuwerden, die niemals nachzulassen schien.

Meinem äußeren Auftreten nach war ich ein guter Christ. Ich war Vorsitzender der Studentenmission unserer Hochschulgruppe; ich suchte regelmäßig Gemeinschaft mit Christen; ich lebte ein „abgesondertes" Leben; für mich selbst ließ ich die objektive Wahrheit des historischen Christentums gelten und trat öffentlich dafür ein. Ich erkannte die Heilige Schrift als Gottes Wort an und setzte mein Bibelstudium fort. Aber innerlich spürte ich quälende Zweifel und stellte mein eigenes Erleben in Frage.

Wozu diese ungeheure Anstrengung, um den Titel „Christ" zu erlangen? Und überhaupt, hat Gott mir nicht durch das Sterben Christi all das gegeben, was ich brauche? Hatte ich nicht Christus in mein Herz aufgenommen? Aber was besagte das alles für meine gegenwärtige Situation als Student. Ich hatte die abgedroschenen Phrasen meiner früheren Erfahrungen satt. Und ich wurde den Verdacht nicht los, daß meine christliche Fachsprache, die ich ständig anwandte, irgendwie ein großer Selbstbetrug war.

Als ich es endlich einmal wagte, mir selbst gegenüber ehrlich zu sein, erkannte ich, daß mich weder die übernommene orthodoxe Lehre noch mein vorbildliches Verhalten in irgendeiner Weise weiterbringen konnte. Und warum klammerte ich mich so verzweifelt an mein kindliches Erleben? Warum war ich so ängstlich darauf bedacht, meine Stimmung zu heben? Allmählich erkannte ich, daß ich Jesus selbst gegenübertreten mußte. Ich mußte zu Ihm, der heute lebt, Vertrauen finden, und ihn an all meinem Erleben und meinen Problemen teilnehmen lassen. Ich mußte in eine persönliche, vertraute Beziehung zu Jesus Christus kommen.

Ich habe ihn jahrelang in der falschen Richtung gesucht. Ich hatte die falsche Botschaft gehört, und als ich dann versuchte, dieser falschen Lehre entsprechend zu leben, war das Ergebnis: Depression und Enttäuschung.

Wie lautete die falsche Botschaft, die ich gehört und nach der ich mich gerichtet hatte? Am besten kann ich sie in zwei Aussagen zusammenfassen: (1) die Errettung kommt durch den Glauben an gewisse Dinge; (2) Vollkommenheit erlangt, wer nach dem vorgeschriebenen Verhaltensmuster lebt.

Die erste Fehlbehauptung ist von ausschlaggebender Bedeutung. Das Neue Testament betont eindeutig, daß der Glaube erforderlich ist, um zu Gott zu kommen und Christ zu werden. Gottes Gnade errettet einen Menschen durch seinen Glauben; wer auch immer an den Herrn Jesus glaubt, hat das ewige Leben; „Allen, die Ihn (Jesus Christus) annahmen, die Seinem Namen glaubten, gab Er Macht, Gottes Kinder zu werden." Als ich diese und ähnliche Aussprüche las, hatte in meinem Verständnis eine feine Verschiebung stattgefunden. Ohne es zu merken, war aus dem glauben-an ein glauben-daß geworden. Die Heilige Schrift sagt, daß die Erlösung denen gilt, die *an* den Herrn Jesus glauben. Ich sagte, daß alle gerettet werden, die glauben, *daß* Jesus der Sohn Gottes ist; *daß* Er für ihre Sünden starb; *daß* Er der Erlöser sein wollte. Ich sagte, daß die Erlösung dem gilt, der die Botschaft der Heiligen Schrift annimmt, nämlich, *daß* er ein Sünder ist; *daß* Gott das Geschenk des ewigen Lebens bereithält. Wenn ich zurücksehe, so habe ich eine Botschaft weitergegeben, nach der man durch Wissen erlöst wird — ähnliches schon haben in frühester Zeit die Irrlehrer der Gnosis behauptet.

Es ist wahr, es gibt manche *Dinge* im Christentum, die man glauben muß. Der Glaube des Neuen Testamentes ist keine abstrakte Angelegenheit. Man wird nicht Christ, ohne gewisse historische Tatsachen stehenzulassen. Wer zu Gott kommen will, muß glauben, daß Er ist; der muß glauben, daß Jesus Gottes Sohn ist, und daß Gott ihn von den Toten auferweckt hat. Aber man muß nicht nur die Realität der Offenbarungen Gottes in der Geschichte anerkennen, sondern darüber hinaus *an* Jesus Christus glauben. Es ist ein großer Unterschied, ob ich *an* etwas glaube oder glaube, *daß* etwas wahr ist.

Aber ich machte diese Unterscheidung nicht, und darum fehlte mir die Vorstellung — und es fehlte mir die Erfahrung — vom Glauben *an* Jesus, unseren Herrn. Ich will noch deutlicher zeigen, warum die Begriffe „glauben daß" und „glauben an" nicht zu verwechseln sind. Jemand fragt: „Glaubst du an das stellvertretende Opfer" oder „glaubst du an das Lesen?" In Wirklichkeit aber wollte er fragen: „Glaubst du, daß die Lehre von dem stellvertretenden Sühneopfer Christi wahr ist?" oder „Glaubst du, daß das Lesen eine gute Sache ist?" Auf den ersten Blick scheint die Redewendung „glauben an" keine andere Bedeutung zu haben als „glauben daß". Aber diese beiden Begriffe, obwohl sie sehr ähnlich klingen, haben doch eine ganz verschiedene Bedeutung.

Als ich den Unterschied zwischen diesen beiden Begriffen erkannte, änderte sich meine eigene geistliche Erfahrung und meine Haltung andern gegenüber von Grund auf. Ich entdeckte jetzt, daß meine Erlösung nicht davon abhing, daß ich gewissen Aussagen über Sünde, ewiges Leben oder das Werk Christi zustimmte oder nicht. Auch würde es mir wenig helfen, wenn ich diese Kenntnisse schulmäßig wiederholte. Die kritische Frage lautete vielmehr: Habe ich eine persönliche Beziehung zu einer Person, der zentralen Person des Christentums? Welch ein Unterschied war es, ob ich zu Christus eine lebendige Beziehung hatte, gleichsam von Mensch zu Mensch — oder ob ich lediglich den biblischen Wahrheiten zustimmte und mich auf ein frühkindliches Ereignis berief, das ich „meine Bekehrung" nannte.

Christsein heißt, mit Christus in persönlichem Kontakt stehen, mit ihm in einer engen Beziehung leben. Es ist ein Unterschied, ob ich einen Menschen persönlich kenne oder nur weiß, *daß* er dies und das tut, und ob ich *an* einen Menschen glaube oder nur weiß, *daß* er dies und das getan hat. Der Vers, der mich am meisten in diesem Zusammenhang fesselte, war Joh. 14,23: „Wer mich liebt, der wird mein Wort halten, und mein Vater wird ihn lieben, und wir werden zu ihm kommen und Wohnung bei ihm machen." Wenn ich an den Herrn Jesus glaube, so heißt das zugleich, daß ich ihn liebe, ihm gehorche und mit ihm lebe.

Als ich das erkannte, wußte ich, daß ich auch mein Gespräch mit anderen ändern mußte. Wenn jemand zu mir kam und mich fragte: „Wie kann ich ein Christ werden?" konnte ich nicht mehr einfach drei oder vier Hinweise wiederholen, die ich mit biblischen Zitaten belegte, und ihn auffordern, sie zu glauben. Ich mußte ihm Joh. 14,23 zeigen und ihn fragen: „Liebst du Christus? Willst du sein Wort halten?" Wenn dann die Antwort lautete: „Ich kenne ihn nicht, wie kann ich ihn lieben? Ich kenne nichts von seinem Wort, wie kann ich es halten?", dann mußte ich ihm von Christus erzählen und ihn ermutigen, die Bibel selbst zu lesen, um dadurch Christus kennenzulernen. Je mehr er über Jesus erfuhr, desto besser würde er ihn kennenlernen, und allmählich würde er seine Liebe zu ihm entdecken. Die Liebe Jesu Christi schenkt Vertrauen und die Bereitschaft, sein Wort zu halten. Er entdeckte so eine persönliche Beziehung zu dem Einen; er lernte ihn kennen, er glaubte an ihn. Er meinte ihn, nicht den Heilsplan oder die Errettung, sondern ihn als eine göttliche Person.

Ein Christ ist nicht einfach der, der gewisse Dinge glaubt, an die ein Nichtchrist nicht glaubt; er ist es auch nicht dadurch, daß er gewisse Dinge nicht tut, die ein Nichtchrist ohne weiteres tun würde. Ein Christ ist einer, der an eine Person glaubt, der in Verbindung mit dem Einen steht, den der Nichtchrist nicht kennt. Die Bedeutung einer kleinen Präposition änderte mein Leben und ließ mich die geistliche Erfahrung machen, nach der ich mich so gesehnt hatte. Aber diese Erfahrung war anders, als ich erwartet hatte. Nicht mein Erleben stand im Vordergrund, auch nicht mein Sieg, meine Heiligung — sondern die Vertrautheit mit einem andern, aus der dann der Glaube an diesen Einen, Jesus Christus, entstand. Dieses Vertrauensverhältnis erlangt man nicht dadurch, daß man an Wahrheiten glaubt, sondern nur, wenn man eine Person kennenlernt.

Dann änderte sich auch mein Verständnis der Frömmigkeit. Bis dahin hatte ich auf mein „abgesondertes" Leben gebaut und glaubte, auf diese Weise Vollkommenheit zu erlangen. Ich hatte mich auf meinen Glauben verlassen und war überzeugt, daß davon meine Errettung abhing. Und weil ich dies oder jenes tat oder nicht tat, glaubte ich, ein geistlicher Mensch zu sein. Doch ich war nichts anderes als ein guter Pharisäer. Das Gebet des Pharisäers hätte genauso gut auch das meine sein können: „Ich danke Dir, Herr, daß ich nicht bin wie andere Menschen. Ich besuche regelmäßig die Gottesdienste, ich tanze nicht, ich rauche und trinke nicht." Die Geistlichkeit eines anderen beurteilte ich danach, ob jemand mit meiner Vorstellung und meinem Verhalten übereinstimmte oder nicht.

Zweifellos können wir von dem Verhalten eines Menschen auf sein innerstes Wesen schließen. „An ihren Früchten werdet ihr sie erkennen." Und dennoch befand ich mich in einem großen Irrtum — dem der Pharisäer —, als ich glaubte, nach meinem Maßstab einen anderen Menschen beurteilen zu können. Heute weiß ich, daß die Fragen, die mir wichtig waren, in der Bibel keineswegs den gleichen Rang hatten wie bei mir. Die tägliche stille Zeit, obwohl es viele gute Gründe gibt, sie einzuhalten, ist in der Heiligen Schrift nicht gefordert. Auch weiß ich keine Stelle in der Bibel zu nennen, wo z. B. Tabak und Alkohol ausdrücklich verboten oder als Sünde gebrandmarkt werden. Jesus hat offensichtlich seinen Jüngern in dieser Hinsicht keine Anweisungen gegeben. Die Furcht vor Zusammenarbeit mit Nichtchristen auf dem sozialen Sektor kann sich nicht auf das Beispiel berufen, das uns Jesus gegeben hat. Was ich als eine intellektuelle Wahrheit erkannt hatte, mußte ich nun in mein Denken und Handeln umsetzen. Diese „Trennung von der Welt" bedeutet also nicht, daß wir uns auf eine Insel zurückziehen sollen oder äußerlich sofort als Christen gekennzeichnet sein müßten. So ähnlich hatte ich es auch von andern gehört. Aber die besondere Art meines „Empfängers" ließ mich zu dem Ergebnis kommen, daß ich glaubte, nur derjenige könnte ein guter Christ sein, der so lebte, wie ich es tat und von andern erwartete.

Es war für mich nicht leicht, diese festgefahrene Denkweise zu verlassen. Es bedeutete, mein eigenes Verhalten zu ändern und die falsche Präposition, nach der ich gelebt hatte, aufzugeben. Ich weiß, daß ich meine jetzige Entwicklung nicht auf den jungen christlichen Menschen übertragen kann; aber ich persönlich freue mich, daß mein Leben durch diesen Bruch in Bewegung gekommen ist.

Wer an Christus gebunden ist, der ist schon von der Welt getrennt. Diese Gemeinschaft mit Christus unterscheidet einen Menschen von seinen Gefährten. Je vertrauter meine Gemeinschaft mit Jesus Christus wurde, je mehr ich in der Vertrautheit seiner Liebe ruhen konnte, desto mehr wurde ich von meinem bisherigen gesetzlichen Denken getrennt. Ich konnte plötzlich in seiner Welt leben und mich aller guten Gaben erfreuen, die Gott uns gegeben hat, damit wir sie unbeschwert genießen sollen.

Ich kann nicht mein Leben behalten und es gleichzeitig hingeben

ANGELA MARTIN

Gerade das war mein Problem: ich versuchte meinen Kuchen zu behalten und wollte ihn gleichzeitig essen.

Mitglied der Kirche zu sein war für mich verbunden mit dem Gefühl der Ehrfurcht und dem festen Willen, gut zu sein. Ich erinnere mich, daß ich regelmäßig nach der Schule zu einer blinden Frau ging, um ihr vorzulesen. Ich war damals etwa zwölf Jahre alt und las laut und deutlich — wie ein gutes Kind. Diese alte Dame verbrachte die letzten, kümmerlichen Jahre ihres Lebens in größter Einsamkeit. Sie trug schwarze Kleidung und lebte in einem kleinen Häuschen, in dem es nach trockenen Geranien roch. Die Rolläden waren stets heruntergelassen. Ich sehe sie noch heute vor mir, wie ihre knochigen Finger über das Elfenbein des Klaviers glitten, um mir das Regentropfen-Präludium vorzuspielen. Und manchmal sprach sie mit mir — es war, wie ich nun weiß, ein gezieltes Zeugnisablegen. Sie erzählte mir von einem Lehrer, der sie in der Sternkunde unterrichtet hatte, als sie ungefähr in meinem Alter war; jedesmal fügte sie hinzu: „er kannte das menschliche Herz!" Ihre geheimnisvolle Stimme, dazu die etwas verträumten Bewegungen, beeindruckten mich tief. Am Abend sah ich zum Himmel auf, der mit Sternen übersät war, und meinte Gott zu spüren, der mich verstand.

Sie erzählte mir auch von ihrem Sohn, Chauncy, der mit fünf Jahren an Scharlach gestorben war. Für die kleine, runzlige, gebückte Person war das noch heute, nach mehr als neunzig Jahren, ein tiefer Schmerz, der ihr lebendig vor Augen stand. Aber Chauncy war ein Kind Gottes, sagte sie mir, ein außergewöhnlich begabter kleiner Junge. Eines Tages sei er mit Tränen in den Augen ins Haus geschlichen und habe auf Befragen geantwortet: „O Mutti, in meinem kleinen Herzen ist Sünde."

Sie sagte, er habe schon Gott gehört, bevor das Fieber kam und er starb. Ich zuckte jedesmal zusammen, wenn von Scharlach und Sünde die Rede war. Wieviel lieber wollte ich zum sternklaren Himmel hinaufsehen und daran denken, daß dort ein lebendiges Herz schlug, das mich verstand!

Mit der Zeit verblaßte diese Freundschaft; vielleicht weil sie aufhörte, dem Zweck zu dienen, den ich darin sah. Ich war nämlich von einer Predigt über das Thema „Almosen im Verborgenen" angesprochen worden. Ich hatte den Eindruck, es wäre gut, dieser alten Nachbarin den Nachmittag zu widmen. Aber wenn jemand mich dabei überraschen und mich wegen dieser guten Tat loben würde, so wäre der eigentliche Lohn, den ich begehrte, dahin. Darum wich ich auch allen Fragen zu Hause aus, meine Eltern waren sehr ängstlich und wollten unbedingt wissen, warum ich so spät aus der Schule nach Hause käme. Schließlich platzte ich mit der Erklärung heraus — dann aber beklagte ich mich und jammerte laut, weil es nun keinen Sinn mehr hätte und keinerlei Nutzen einbrächte. Mein Geheimnis war preisgegeben, und damit hatte ich mich selbst um den gewünschten Erfolg gebracht. Als besonders schmerzlich empfand ich es, weil viele dieser Nachmittage mir tatsächlich Freude bereitet hatten, und nun entbehrte ich sie.

Ja, ich liebte den Gedanken, gut zu sein, aber ich registrierte auch jeden Fortschritt. Ich versuchte mir vorzustellen, wie es wäre, wenn ich nicht als Kind eines Geistlichen geboren wäre, sondern in einer lustigen finnischen Familie lebte, in der ich manchmal mit einer Schulfreundin zu Abend aß. Oder wenn ich wie jener verwegene Junge sein könnte, der in der Schule direkt vor mir saß. Er erzählte, wie er heimlich in Frachtzügen mitgefahren war, und von seiner Freundschaft mit Holzfällern. Er erzählte vom Erntefest auf den Prärien und der Obstlese in Californien und dann wieder von großen Häfen an der Atlantischen Küste. Er erzählte mir Geschichten vom Wünschelrutengehen — mit dem „alten Trunkenbold", seinem Vater. Aber, wie der Kupferkessel zu dem gemütlichen

Familienleben meiner finnischen Freundin gehörte und das Vagabundendasein zum Leben jenes Jungen, so blieb der gute Teil, sozusagen der göttliche Teil, für meine Familie. Dennoch haben auch wir einiges von der Welt zu sehen bekommen.

Ich bin meinen Eltern dankbar, daß sie uns weitgehend Freiheit ließen, auch wenn wir wieder einmal in eine andere Gegend ziehen mußten. Sie wählten keinen Ort, der für uns außerhalb lag. Sie redeten nie vom Höllenfeuer und haßten alle Ermahnungen. Sie haben mich nie gedrängt, Christus persönlich anzunehmen. Aber ich wußte, daß sie Jesus als den Christus Gottes bekannten. Das Lieblingslied meines Vaters war „Preis sei dir, o Lamm". Mit meiner Mutter verbrachte ich manche Stunde vor dem Plattenspieler, und beide lauschten wir wie gebannt der Karfreitagsmusik. Ich glaube, ich habe schon als Kind ihren starken Glauben empfunden, sonst hätte ich in diesem Alter kaum so lange und andächtig zuhören können. Aber ich wäre nicht in der Lage gewesen, diese Kraft zu beurteilen, die meine Eltern geprägt hat. Ich hatte von ihrem Glauben mehr oder weniger verschwommene Eindrücke. Meine Mutter und mein Vater lehrten uns die Bibel lesen, beten, sie lehrten uns, andere zu lieben und uns zu freuen und daß der Gehorsam der selbstverständliche Ausdruck der Liebe sei. Diese Redewendung gebrauchte ich später oft, um irgendeinem besonderen Punkt des Gehorsams auszuweichen. Das lautete dann so: Geliebt sein bedeutet, von Gott alles gewährt bekommen, was ich mir wünsche.

Ich wünschte, ich hätte gewußt, daß niemand von Gott weit entfernt ist — oder (um es andersherum zu sagen), daß ich nicht nur deshalb allem Guten nahe war, weil ich ein verwöhnter Teenager war in einer relativ abgeschirmten Welt.

Ich wünschte, ich hätte gewußt, daß Musik, Büchereien, Wintermorgen, die vor eisiger Schönheit prickeln, Gaben Gottes sind, mit denen er verschwenderisch umgeht, und daß diese Dinge verblassen, wenn sie nicht erkannt werden. Ich gab mich der Illusion hin, daß alles, was mich erfreute, irgendwie das verschwommene, aber zutreffende Bild Gottes war. Ich klammerte mich daran, „gut zu sein“ und war glücklich „Gott überall zu sehen“ — wenn auch nur sehr undeutlich. Das wiederum beruhigte mich. Ich las nicht mehr soviel in der Bibel wie früher, und schließlich ließ ich es ganz. Es dauerte nicht lange, da stimmte ich mit meinen klugen und toleranten Freunden darin überein, daß Jesus der beste Mensch war, der je gelebt hatte, und daß die meisten Menschen, die heute über ihn sprachen — nun, wenn er hier und heute die Szene beträte, würde er zweifellos auf unserer Seite sein, „sie“ würden ihn nicht so geduldig ertragen, wie sie uns ertrugen. Aber Paulus — so meinten wir im Ernst — Paulus hat alles in festgeprägte Formeln gezwängt und dadurch unbrauchbar gemacht.

Die Bibel wurde für mich immer undurchsichtiger. Ich wünschte, ich hätte gewußt, daß es einen Grund dafür gab; es schien mir alles frisiert, wie ich es nannte, besonders in den Evangelien. Ich wünschte, ich hätte gewußt, daß dadurch alles verworren wurde, weil ich mehr und mehr eine von mir erfundene Person an die Stelle Jesu setzte, an die Stelle des Wortes, das Fleisch wurde, des lebendigen Wortes Gottes.

Ich könnte fortfahren zu sagen: Ich wünschte, ich hätte gewußt, daß eines Tages — es war der 4. Januar 1963 — der Jesus der Auferstehungskraft sehr ruhig zu mir reden würde, als ich mich allein glaubte, und daß er sich der Gefahr der Ablehnung noch einmal aussetzte, um mich aus meinem Tode herauszuholen. Aber es wäre nicht ganz ehrlich, wenn ich es verschwiege, daß alles das, was ich wußte, den Vorgang beschleunigte. Wenn ich es aber tatsächlich gewußt hätte, hätte ich sicher alles getan, um diese Stunde zu beschleunigen, denn ich würde ohne das, was er mir schenkte, nicht länger zu leben gemocht haben: die innerliche Freude, ihn selbst kennenzulernen, wie er sich zu erkennen gibt — groß, voller Vergebung und Lebenskraft.

Ich wünschte, ich hätte gewußt, daß Jesus die dringliche Frage beantwortet hat: „Herr, warum willst du dich uns offenbaren und nicht der Welt?“ Seine Antwort hängt von unserer Liebe ab.

Ich wünschte, ich hätte gewußt, daß es zwar gut ist, zu denken, zu erfassen und Dinge zu durchschauen — diese Fähigkeiten stammen ja von Gott — aber er hat sie uns gegeben, damit wir von seinem unnahbar herrlichen Denken, Erfassen, Durchschauen einen Begriff bekommen, sogar auch soweit sie meine Gefühle, meine Wünsche und meine Pläne betreffen, und mein Handeln in bestimmten Situationen und mein Erkennen geschichtlicher Zusammenhänge — einer Geschichte, die er ebenfalls umfaßt.

Zwischen jenem Lebensabschnitt, den ich beschrieben habe (als ich der blinden alten Dame mit kindlichem Eifer vorlas), und dem andern (als ich anfing, über alles nachzudenken), also gleichsam auf der Schwelle zum Erwachsenwerden machte ich zwei tiefgreifende Erfahrungen: ich wurde krank, und in unserem Wohnviertel machten sich die Folgen der Wirtschaftsdepression bemerkbar. Die Krankheit hatte ich teilweise durch mein unvernünftiges Fasten selbst verschuldet; diese Art geistiger Verwirrung ist unter jungen Menschen nicht ungewöhnlich. Nach dreijähriger Behandlung war ich wieder völlig gesund. Aber es dauerte länger, bis ich erkannte, wie sehr ich mich an mein eigenes „Gutsein“ klammerte, und daß ich so zwangsläufig ein Doppelleben führte, denn ich wagte nicht, mein wahres Gesicht zu zeigen. Hinzu kam die Wirtschaftsdepression der dreißiger Jahre. Dadurch wurde ich jedoch aufgeschreckt und ließ mich an die Sorgen anderer Menschen denken.

Noch immer bemühte ich mich darum, gut zu sein, und zwar mit allen Mitteln meiner Schulgeometrie. Dann begegnete ich zum erstenmal Menschen, die wirklichen Hunger und echtes Verlangen kannten. Sie hatten kein Interesse daran zu schauspielern. Ihre Echtheit erschütterte mich. Stundenlang irrte ich nun durch die Straßen und sah nackte Verzweiflung und die ungeschminkte Not vieler. Ich sah vereinsamte Menschen im schmutzigen Schnee stehen. Ich sah knochige Menschen in abgetragener Kleidung mit leeren Blicken in die Schaufenster der Bäckerläden starren. Dann sah ich mich selbst, gut gekleidet und verhältnismäßig wohlgenährt. War ich nicht wie eine Herausforderung mitten in diesem Elend? Ich dachte, um diese traurige Situation zu beenden, gäbe es nur eins: alles, was wir besaßen, sofort wegzugeben, und morgen würde alles voller gelber Osterblumen sein. War es nicht das, ‚was die Schrift sagte'? Warum sollte man seinen Besitz nicht wegwerfen? (Meine armen Eltern hatten genug Schwierigkeiten, mit denen sie fertig werden mußten, aber ich war vollkommen blind und kümmerte mich in meinem Edelmut nicht um ihre zermürbenden Haushaltspläne!)

Ich aß kaum noch; ich verzichtete auf jedes Vergnügen. Ich wünschte verloren zu sein mit diesen verkümmerten, schwachen Kreaturen, deren Handgelenke wie Stöcke in den ausgefransten Pulloveraufschlägen steckten. Ich torkelte mit ihnen in den schmutzigen Straßen umher oder an den Eisenbahnschienen entlang, an stillstehenden und leeren Mühlen vorbei. Ich wünschte, ich hätte gewußt, daß Jesus wirklich einer der ihren wurde, wie er auch mir gleich wurde, und daß das genügte, daß niemand es nochmal tun kann. Wir können mit ihm sein, über sein Kreuz hinaus, denn unter sein Kreuz können wir kommen, zu Ihm, um unseren Tod gegen sein Leben einzutauschen. Und dann ist der Weg frei, den er durch sein Leiden gebahnt hat, der Weg zu Gott. Aber das beginne ich jetzt erst allmählich zu begreifen. Wenn er uns zu sich nimmt, ist es Freude: das weiß ich sicher. Und er sagt, er würde uns zu sich nehmen, damit wir „Dort seien, wo er ist". Das war auf dem Weg nach Gethsemane.

Ich wünschte, ich hätte das gewußt. Aber Gott vergißt, wer wir vorher waren. Er denkt nicht mehr an das Schauspielern, das Eingebildetsein und spöttische Verhalten. Er vergibt und macht uns Mut, uns Seiner erneuernden Liebe zu öffnen. Auch jetzt noch gibt er uns seine Zukunft. Er wird sogar den langen eigenmächtigen Umweg in die Dunkelheit für seine Zwecke und zu unserem Guten benutzen. Ich vertraue (in diesem Augenblick kann ich es wirklich sagen), daß er auch mit meinem jahrelangen Versagen fertig wird. Durch die Berührung seiner Hand kann es verwandelt werden, auf seine Art, ob ich es verstehe oder nicht, ob ich es spüre oder nicht. Allmählich werden dann die Wege, die ich versperrt hatte, durch seine Gnade, sein Wohlwollen erhellt, und wahrscheinlich werde ich mich immer wieder verwundert umschauen und jedesmal bekennen müssen: „Ich wünschte, ich hätte gewußt."

ER wußte es

DERRY ALLEN

Der Kirchenstuhl war hart. Er war mit diesem dünnen Material von rotem Schaumstoff bedeckt, der Bequemlichkeit versprach — aber nicht gibt; und dies drückt genau das aus, was ich über die ganze Situation dachte. Wenn mein Vater auf der Kanzel stand, redete er eintönig vor sich hin, über ihm die einzige Lampe, die ihn noch mehr als sonst wie einen gealterten Engel erscheinen ließ. Wenn ich meine Augen zukniff, verschwamm er in dem trüben Licht, aber seiner Stimme, die einen echten Lancashire *) verriet, konnte man sich nicht entziehen. Sie forderte — höflich, aber bestimmt — ungeteilte Aufmerksamkeit. Er sprach nun über John Masefield und wie er in unvergeßlichen Worten von dem „unvergleichlichen Augenblick" schrieb, an dem „der Herr die Führung seines Lebens übernommen hatte": „O Herrlichkeit der erleuchteten Seele, wie tot war ich, wie taub, wie blind."

Ich stöhnte leise und krümmte mich auf meinem Sitz. Warum wußte er nicht, daß John Masefield längst unmodern war, daß niemand, der etwas in der Literatur bewandert war, ihn auch nur erwähnte, es sei denn mit einem spöttischen Lächeln, das man zuweilen für Menschen dritter Klasse und darunter übrig hatte. Es war nur ein wei-

*) Englische Grafschaft an der Irischen See

teres Beispiel dafür, wie sehr das Christentum den Kontakt zu unserer Welt, unserer Zeit verloren hatte. Nicht nur die Gedanken und Vorstellungen waren antiquiert, sondern auch die Menschen, die sich dazu bekannten. Ich war einundzwanzig Jahre alt, studierte englische Literatur und bereitete mich für den Honours Grad vor. Ich lebte in zwei Welten, die keine Beziehung zueinander zu haben schienen. An Werktagen war ich der eifrige Student, der sich vollauf der Verantwortung einer kritischen Beurteilung bewußt war und der an alles Geschriebene einen hohen Maßstab legen mußte. In meiner scharfen Kritik gegen jegliche Sentimentalität war ich rücksichtslos; eine verschwommene Mystik forderte meinen ganzen Sarkasmus heraus. Ich haßte alles Unechte und Unklare. Noch verächtlicher, das wußte ich auch, waren die Leute, die um des Ruhmes willen schrieben und nicht einmal wert sind, daß man über sie diskutiert, die man bestenfalls geringschätzig abtut. Um gerecht zu sein, auch ich kannte in meinem Innern diesen merkwürdigen schmerzähnlichen Triumph, der sich einschleicht, wenn wirklich eine Sache gelungen ist. Ich wußte, was es bedeutete, wahre Dichtkunst zu lesen; es war, als würde man von etwas unglaubhaft Schönem gefangengehalten, das einen in eine andere Welt versetzt, in der andere Gesetze Gültigkeit haben; und wenn man dann wieder in diese materialistische Welt zurückkehrt, ist man wie benommen. Selbst der eigene Herzschlag erscheint unwirklich.

Allein für diese Welt der Wahrheit und der Schönheit lohnt es zu leben, auf sie allein freute ich mich. Aus diesem Grund studierte ich englische Literatur, und mein geheimer Wunsch war es, etwas so Wunderbares zu schaffen, das nicht seinesgleichen findet und das den Tod überdauert. Ganz abgesehen von der Angst, irgend jemand könnte sich über die Dummheit meines Vaters lustig machen, verletzte es mich — es tat mir wirklich weh —, daß er in dieser Weise Dichtung zitierte, als ob echte Dichtung überhaupt irgend etwas zu tun hätte mit dieser kleinen, engen Welt der Kirche an der Ecke einer schmutzigen Straße.

Denn dies war die andere Welt, in der ich lebte, die Welt der Kirche, dreimal an jedem Sonntag, nackte Steintreppen und häßliche gelbe Gebäude in den müden Straßen. Zu Hause nichts als Gespräche über die christlichen Bemühungen und die menschliche Gemeinschaft, am Nachmittag Ausflüge und Kaffeestündchen mit der Sonntagschule. In der Kirche trafen sich die braven ordentlichen Leute, die niemals in ihrem Leben etwas anderes gelesen hatten als das „Liverpool Echo", und die Sonntag für Sonntag wieder alle mit der gleichen Inbrunst sangen, ob die Lieder etwas aussagten oder nicht; ich meine: ob sie etwas Schönes darstellten oder nicht. Meine Freunde an der Universität hänselten mich manchmal. Aber was half es, wenn ich mich über die Begrenztheit, Rückständigkeit und Enge in meiner Familie und Kirche beklagte. Ihre Reaktion wäre zweifellos: „Aber warum gehst du noch hin?" Und dann würde ich mich verteidigen und sagen, daß man die Gefühle seiner alten Eltern nicht verletzen darf, indem man jeden Sonntag eine Szene heraufbeschwört, daß es die Eltern unsagbar kränken würde, wenn ich ihnen erklärte, daß die christliche Religion, wie ich sie bei ihnen kennengelernt hätte, nichts für denkende Menschen sei. Und dann würde ich über Gott sprechen oder besser: über die höhere Wahrheit und leidenschaftlich die Bedeutung dieser höheren Wahrheit zu erklären versuchen. Meine Freunde würden mir ehrfürchtig zuhören und schweigen, nicht nur, weil es im intellektuellen Sinn annehmbar klingt, irgendwie scheint auch diese Auseinandersetzung in dem Universitätsmilieu mehr zu bedeuten als „Wir lieben Ihn, weil Er uns zuerst geliebt hat".

Das war das eigentliche Problem. Diese zwei Welten — Kultur und Christentum — schienen keinerlei Berührungspunkte zu haben. Ich hatte herausgefunden, daß die Welt der Kultur dem Leben Tiefe und eine neue Weite gab. Mit Hilfe der Kultur konnte man sich über das Häßliche und Nichtige hinwegsetzen. Diese Welt schien wirklicher, lebenswerter als die graue Stadt und der laute Verkehr, das schmutzige Pflaster und die rußigen kleinen Häuser. Eine Welt, die verlockender war, als Sonntage in der geheizten Kirche mit der Stimme meines Vaters, der jene nur allzu bekannten Stellen in der Bibel las und dann längst vertraute und manchmal falsche Begriffe weitergab, über die Liebe Jesu und die Forderungen Jesu (der schließlich vor beinahe zweitausend Jahren gelebt hatte). Ich holte eine kleine Broschüre von Shakespeares Sonetten hervor, die ich in meinem Gesangbuch versteckt hatte, und floh in seine Welt, die mir besser schien — wahrer, schöner und reicher — als diese andere, in der ich durch die Umstände zu sitzen gezwungen war. Es schien keine Möglichkeit zu geben, daß diese beiden Welten sich jemals berühren könnten: und wenn ich zu wählen hätte, dann wäre es für mich keine Frage, wofür ich mich entscheiden würde und welche in meinen Augen mehr Sinn und Wahrheit hatte.

Dann kam der Tag, an dem ich selbst auf der Kanzel stand, um meinen Vater zu vertreten, der krank war. Ich trug eine gut formulierte und im Aufbau logische und sauber begründete Predigt vor. Aber als ich dort stand und meine ganze studentische Geschicklichkeit anwandte, die ich durch die Ausbildung erhalten hatte und meine ganze Beredsamkeit und Denkkraft aufbrachte, wußte ich, daß alles nur leeres Geschwätz war. Obgleich ich eine gewisse Vorstellung von dem hatte, was ich sagte, war es irgendwie spröde. Meine Predigt war viel klüger als irgend etwas, das mein Vater je gebracht hatte, aber es fehlte die Wärme und die Kraft — oder — wie soll ich es nennen — es fehlte die Wirklichkeit.

Später, als ich Christ wurde, wußte ich auch, warum meine Predigt nichts als ein intellektueller Vortrag war. Weder einer, der lediglich aus Mitleid mit seinen Eltern zur Kirche geht, noch jemand, der aus Gewohnheit oder Wohlwollen sich dazu bewegen läßt, wird seinen Zuhörern etwas geben können, sondern nur einer, der von Christus überwunden wurde, der Ihm einfach nicht länger widerstehen konnte.

Es gab einen Augenblick, in dem das Pathos jener Schriftsteller, die ich bewunderte, tatsächlich mit der Realität in meiner eigenen Familie konfrontiert wurde. Und schließlich, als mein Vater seinen Verstand verlor, gewann ich den meinen. Ich sah mich der Realität und nicht meinen Träumen gegenübergestellt und mußte mich fragen, ob dieser Gott, den ich so unpersönlich verehrt hatte, wirklich dieses sanfte, unbekümmerte Geschöpf lieben konnte, das jetzt mit seiner Stimme nicht länger den Herrn verkündigte, aber aus dessen Augen doch noch der Glaube leuchtete, und aus dessen täppischen Bewegungen trotz allem die Hoffnung zum Ausdruck kam. Eine undurchdringliche Finsternis umfing mich. Mein eigener Gott war dieser Situation nicht gewachsen; es waren noch nicht einmal Ansätze für die Möglichkeit solchen Gewachsenseins zu sehen. Aber der Gott, den mein Vater verkündigt hatte, und auf seine Weise noch immer verkündigte, dieser Gott war groß genug. Es mußte *dieser* Herr sein oder gar nichts. Einige schreckliche Wochen lang sah es so aus, als wäre ich dem Nichts ausgeliefert. Dann, als ich mit einem christlichen Freund gemeinsam den 1. Johannesbrief las, erkannte ich, was jene nur zu bekannten Bibelstellen eigentlich zu sagen hatten. Ich erkannte, daß die Liebe Christi in Seinem Leben und in Seinem Sterben mir galt, und ich wußte, daß die Kraft Seiner Auferstehung das war, wonach ich mich in all den Jahren gesehnt hatte. So gab ich Ihm alles, was ich besaß, das ärmliche Leben und mein vergebliches Verlangen, klar und richtig zu denken und gut zu gestalten. Und so nahm ich seine Liebe für mich an.

Plötzlich waren die beiden Welten eins geworden. Plötzlich war die ganze Freude an Shakespeare, die ganze Leidenschaft und der Schmerz mit der Welt des Christentums vereinbar. Die Rechtschaffenheit, die von einem reifen Kritiker und Schüler gefordert wurde, sein brennender Wunsch, etwas künstlerisch Wertvolles zu gestalten, war plötzlich nichts Verwerfliches mehr. All das, von dem ich gedacht hatte, es sei meilenweit entfernt von den Gedanken des Christentums, trat noch klarer und schärfer hervor als je zuvor. Ich stellte fest, daß die Welt der Schönheit und des Sichfreuens mehr bedeutete, als ich je erträumt hatte, denn alles ist ein Teil der Welt

Gottes und geheiligt durch Seine Hand, Sein Opfer und seine Liebe. Und er hat mich freigemacht als sein Kind. Ich wurde nicht aufgefordert zu wählen, obgleich ich jetzt dazu bereit war, es sogar wünschte. Aber es gab keine Wahl zu treffen, weil es keine Trennung gab. „Die höhere Wahrheit"? Ja, vielleicht.

Welch eine unzulängliche und begrenzte Vorstellung hatte ich von Gott. Gott war viel größer, realer, reicher, viel persönlicher als ich es je geahnt hatte. Gottes Liebe, wie ich ihr begegnet war und die ich nun in Jesus Christus kannte, war da, wo sich Dichtkunst und die schmutzigen Straßen und jene vertrauten Bibelstellen trafen; die schmerzhaften und sehnsuchtsvollen Träume und die alltägliche eintönige Welt der Lebensmitteleinkäufe, all das wurde darum sinnvoll, weil er so unermeßlich groß war. Und doch ist er mein eigener, sehr lieber Herr. Er fordert von mir die äußerste Ehrlichkeit und Bereitschaft als Schüler, Ehrerbietung als Beter, Hingabe als sein Diener, Liebe als sein Kind. Und er verlangte das alles gleichzeitig; Christ sein hieß, all das zur gleichen Zeit zu sein. Erst jetzt erkannte ich, daß ich während meiner arroganten Studentenjahre geistige Scheuklappen getragen hatte; wie tot, dumm und blind war ich als Schüler gewesen . . .

Ich wünschte, ich hätte in meinen Studententagen die Herrlichkeit eines erleuchteten Verstandes gekannt.

Nein. Ich möchte es anders ausdrücken. Gott sei Dank, daß ich es heute weiß . . .